2009.7　訪問

ベルリンの世界遺産6つの住宅団地

1913 年フェルケンベルク

1924 年シラーパーク

1929 年ジーメンス・ジードルング

1928 年カール・レギエン

1925 年ブリッツ・ジードルング

1929 年ヴァイセ・シュタット

ベルリン世界遺産　　写真上　フェルケンベルク庭園街
写真下　カール・レギエン

2008.9　団地再生ドイツツアーでまわった団地

ライネフェルデ 1961年

レマーシュタット 1928年

オンケル・トムズ・ヒュッテ 1926年

ヘラーホフ 1923年

ピエストリッチ 1925年

ユニテ・ダビタシオン

ハンザ地区

ヘラースドルフ 1984年

ライネフェルデの団地再生　写真上）長い住棟を減築
写真下）１階を店舗に改修

日本居住福祉学会

居住福祉ブックレット

19

長生きマンション・長生き団地

千代崎一夫
Chiyozaki, Kazuo

山下千佳
Yamashita, Chika

東信堂

はじめに

二〇〇九年秋に発表された国の住宅土地統計調査によれば、全国の総住宅数四九、六一四、八〇〇戸に対して集合住宅は二〇、六九四、三〇〇戸で四一・七%になり、三大都市圏では二六、二〇一、七〇〇戸の内一三、六五八、〇〇〇戸で五二・一%となって一戸建てを上回っています。都市では集合住宅での居住スタイルが定着し、多くを占めるようになりました。

単身高齢者は全国で四一四万戸、八・三%になりました。多数が集合住宅に住んでおり、集合住宅を長持ちさせることは高齢者の居住を守ることにもつながっています。

一方でマンション(注1)建設は、建築紛争となっていることが多く問題になっています。マンション対マンションという図式で反対運動がされている地域もあります。

注1　二以上の区分所有者がいて、人の居住用の専有部分がある建物をいいます。

本来は、安心で快適な公的住宅が安定して供給されていれば、分譲マンションに住む人は減るかも知れません。公的住宅が「少量」「決して安くない家賃」「快適とは限らない」「安定して住み続けられない」からこそ、「大量」「民間家賃と同程度でローン返済」「バリエーションがある」「一応持ち家」のマンションを買うことにもつながっています。

国は住宅のビジョンとして「センチュリー・ハウジング・システム」(一世紀一〇〇年)を掲げていましたが、いつの間にか「二〇〇年」といいはじめました。今ある住宅を五〇年、一〇〇年使うことをよしとしない、建て替え優先の今日の風潮の中で「今度つくる住宅は二〇〇年使える住宅にします」といわれても信用できるものではありません。そしていつの間にか「長期優良住宅」とトーンダウンさせてきました。

現実には、日本の住宅の寿命はとても短いです。持ち家にしても賃貸にしても同じです。人の一生より住宅の寿命が半分に満たないほど短ければ、建て替えに追われて「住宅貧乏」となります。個人が住宅貧乏なら国も住宅貧乏で、将来とも人々の文化向上には至りません。

これは充分に使える自動車や冷蔵庫を「エコ替え」といっているのと同じです。「エコ替え・エコ詐欺・エコだまし」ともいえます。人も建物も環境も大切にするという立場でマンションに住む人を「エコ派マンション人」と呼んでいますが、このような人はこれから増えていくと思います。

自衛策として買ったマンションであっても、今日では終の棲家として考えている人も多くなっています。必ずしも戸建てと比べて「マンションは良い」「マンションが良い」とはいえなくても、「マンションも良い」くらいはいえるようにしたいと思っています。そこで「マンションもえーど」と「エイド（救援）」ということを絡めて「マンションエイド」という言葉を考えました。そしてこのエイドを行なう人を「マンションエイダー」と名付けました。

私は一九六六年から建築の仕事に携わり、一九九二年にマンションへのサポートを主とした個人事務所「住まいとまちづくりコープ」を設立しました。「住宅のことを考えたときに最初に思い浮かべる人になりたい」「住宅・マンションとまちづくりのことは何でも相談できる場」として業務を開始したのです。たいていの設計事務所がどちらかというと「土地とお金の目処がついたらいらっしゃい」という感じなので、どの設計事務所にするかを最初から一緒に選びましょうという立場にいる人が必要と考えました。

マンションや団地の問題は研究や机上の理論だけでは解決が難しい場合が多くあります。実際の支援にしてもボランティアとしての関わり方だけでは対応できず、業務として対応して、力も時間も使わないと解決できません。私は「長生きマンションへのプログラムを一緒にデザインしましょう」と呼びかけながらマンション等のサポートをしています。

事務所設立後、一番大きな出来事は一九九五年に起きた阪神・淡路大震災です。現場視察後には、五〇回にわたる報告会で被災地支援と防災まちづくりを訴えました。亡くなられた方の九割が家に押しつぶされて亡くなった現実を教訓に、自然災害を人災に広げないということからも、マンションを含む全ての業務に防災についての観点からの検討を行なっています。マンションでも戸建てでも耐震とバリアフリーのことには関連しながら気を配るようにしています。この数年は、マンションも住民の方も高齢化していることから、「日常の安全が非常時にも活きる」と考え、バリアフリーも強調しながら、住まいのことは何でも相談できる人という姿勢を自分流に表現してみた「ハウズィング・ケースワーカー」を名乗って、技術を少し知っている権利意識を持った市民として住まいとまちづくりの総合サポーターを模索しながら進めています。

このブックレットで紹介するものは私の事務所の業務を中心とした事例です。

二〇〇九年一一月

ハウズィング・ケースワーカー　千代崎一夫

目　次／長生きマンション・長生き団地

長生きマンション・長生き団地

一、住まい

住まい　健やか　住愛

「『人』という漢字は人と人が対等に寄り添って生きていくことを示しています」。人気テレビドラマ武田鉄矢主演の「三年B組金八先生」でこんな言葉が出てくるのに気づきました。「『住』は人が主と書きます」とは早川和男さん（神戸大学名誉教授）が口ぐせのようにいわれる言葉です。私は「人と建物でつくるのが『健』、健やかな生活はここにあります」といっております。さらに語呂合わせ的に考えたのは「住まい」は『住む愛』なのではないだろうかということです。生活の器である住まいは集合住宅や戸建てなど、種類の違いがあっても、一人で住むにせよ家族で住むにせよ、安全で快適であることが求められ、それには大切に使うという愛情が必要だと思います。

たとえば、公的な住宅の場合三〇年経った後は、たいていはかなり傷んだ状態になっています。そこからは長持ちをさせる気が伝わってきません。予算の制限があるからなどの言い訳も聞きますが、管理者は予算獲得にどれだけ力を注いでくれているのでしょうか。公的住宅の必要な修繕を行なわないで、結局は長持ちさせられない管理の仕方を見ると、管理者が住んでいないからでもあるでしょうし、つまりは建物に愛情がかけられていないからだと思います。

マンションでは自分たちのお金を積み立てて維持管理のための小修繕や大規模改修を行なっています。日本では、「快適な住生活のために必要な維持管理費用」がマンションで、初めて把握できたのではないかと思っています。公的な住宅でもこういう研究が行なわれるべきだと思います。やっているのかも知れませんが、少なくとも資料として手軽に公開されておりません。なぜ行なわれていないのかと疑問を持つのは、あまりにも「快適」でないからです。三〇年も経つと建て替えの話が出てきますが、きちんと修繕、改修をしていれば「建て替えで壊すのはもったいない」という声が多くなるはずです。

賃貸住宅でも居住者は快適に暮らせるレベルの維持管理を要求しましょう。そのレベルを維持することが社会の資産を守っていくことになります。

公的住宅でも住む人に管理の権限を任せることができれば、格段に良くなると思っていますが、そんな良い方法が何とか考えられないでしょうか。

二、ドイツに行って

1　ドイツで見た団地は、長生きでカッコいい！

「ヨーロッパでは駅前などの中心市街地を別にすれば集合住宅はほとんど建て替えていない」ということを聞いていました。ぜひその実際を見て日本でのマンションと団地の長寿命化のために役立てようと思い、二〇〇八年九月に大学教授、都市計画コンサルタント、設計者等と「団地再生ドイツツアー」に参加し、ベルリン・フランクフルト・ライネフェルデの団地を見てきました（**口絵参照**）。

ドイツには第一次大戦前（九〇年以上）、大戦の間（八〇年）、終戦後（五〇年）の集合住宅がたくさんあります。テラスを増築する、思い切って明るいカラーコーディネートをする、外断熱をする、エレベーターを設置するなど工夫を凝らして、改修工事をして使い続けています。道路や公園、建物の周りなどにも気を配っていて、快適な居住空間をつくっているから長く住めるのか、長く住むつもりだからきれいにするのか、両方の気持ちが混ぜ合わさっているように思えます。

ツアーの視察の重点地であったライネフェルデ市には旧東ドイツ時代に寒村を工業化し、西ドイツへのショールームモデルとしてつくられた労働者向けの集合住宅地があります。一九六一年当時二、六〇〇人だった人口が一六、〇〇〇人にまで増えたそうです。東西統合を経ると人口が旧西ドイツ側に移動し、まちが疲弊するとともに団地の人口も四、〇〇〇人が転出し、二六％もの空き家が出ました。それに対して市が様々な工夫をして、今日のように団地が再生されたというもので国際的にも有名な場所になっています。住棟・団地のレベルについても、内在する可能性を掘り起こし現在の住民はもとより将来の住民も満足できるような住環境を提供しようと考え、これを達成するために「建築デザインコンペティション」を繰り返し行ないました。多くの建築家からの提案を受け、結果として数々の建築デザイン賞を受けています。ＰＣパネル（板状のあらかじめ作ったコンクリート）でつくった住棟がずらりと並んでいた団地を改良し、変化を作り出

写真1　ライネフェルデ市　三角屋根とベランダを設置した住棟

写真2　同フィジカー街区　2棟をつないで角にエレベーターを設置

し、住環境を高めたことがよく分かりました。減層、減築、用途替え、エントランス改良、廊下設置、エレベーター設置、バルコニー設置、三角屋根の設置、外断熱など様々な工夫は設計コンペで提案されたものなのか、見ていてとても楽しい気持ちになりました。団地全体の住環境としてのポテンシャルを高めることは、生活全体を押し上げることの一因にもなると考えられたようです。建物外観と公園や通路など居住空間を快適にということがとことん意識されていると感じました。

ドイツの団地では、快適性と併せて重視されているのが、省エネ・CO_2削減です。住棟では、夏涼しく冬暖かくするための効果的な外断熱の工事が行なわれています。厚さ一〇センチほどの断熱材を外壁に貼り、その上を左官で仕上げている工法が多く見られました。自然にマッチした色や大胆な色が外壁用の塗料で仕上げられています。ブリックと呼ばれるレンガ積みやタイル貼りに見える仕上げもありました。

その現場では地上から二mまでは「発泡スチロール」、二m以上は「ミネラルウール」が断熱材でした。地面からの湿気の関係で材料を変えているようです。

団地内のユースセンターはソーラーエネルギーを中心にしたコンセプトで作られています。

修繕という段階をさらに進めて、改善・改良を加えて、当初の機能・性能を発展させ快適に住もうという方針が、団地全体で実行されていました。

2　エッ！　団地が世界遺産

二〇〇八年七月カナダのケベック・シティで行なわれたユネスコ世界遺産会議で「ベルリンのモダン・ジードルング」（住宅団地）が世界遺産として登録されました。これらは全て一九一三年から一九三四年にかけて建設された住宅団地で、第一次世界大戦前からワイマール憲法の時期に起こった住宅不足に対する対策として、都市計画家・建築家として著名な、日本でも名前が知られているブルーノ・タウトや、バウハウスの初代校長ヴァルター・グロピウスなどが携わっています。そのコンセプトは「キッチン、バス、バルコニーが付き、庭はありませんが十分に外気や光が取り入れられ、機能的かつ実用的な間取りでしかも割安な住宅であり、そんな機能美を追求したジードルング建築は、その後の社会主義的住宅建築や都市景観に多大な影響を与え、今日では、シンプルなデザイン建築として高く評価されています」と、世界遺産登録の理由の中で説明されています。〇八年の「団地再生ドイツツアー」で視察した三都市六つの団地のメンテナンスの良さと、緑が多い環境に驚いたものの、それらの団地は世界遺産に選ばれていませんでした。

ぜひこの「ベルリンのモダン・ジードルング」を見てみたいという思いが日に日に深まり、二〇〇九年七月、駆け足でしたが、電車、トラム、そしてレンタル自転車を使って、世界遺産に登録された六つの団地を見てきました（**口絵参照**）。

一九一三年　ファルケンベルク庭園街（トレプトウ地区）
一九二四年　シラーパーク・ジードルング（ヴェッディング地区）
一九二五年　ブリッツ・ジードルング（ノイケルン地区）
一九二八年　カール・レギエン住宅街（プレンツラウアーベルク地区）
一九二九年　ヴァイセ・シュタット（レイニッケンドルフ地区）
一九二九年　ジーメンス・ジードルング（シャルロッテンブルク地区、シュパンダウ地区）

これらの住宅団地は、八〇年、九〇年、一〇〇年近くの年月を重ねたとは思えないほど美しく、緑いっぱいの空間の中にたたずんでいました。ベランダや玄関先には花が飾られ、生活の楽しさと豊かさが窺われます。労働者のための安上りな住宅といった雰囲気は、少しも感じられません。色彩の魔術師といわれたブルーノ・タウト設計のカール・レギエン住宅街、ファルケンベルク庭園街は、みごとなまでの配色でした。「勤労者のための集合住宅は、建設費用を抑えるため、画一的にならざるをえない宿命を抱えています。そこでタウトは、色彩を多用することで、コストをかけず、同じつくりの家に個性を持たせたのです。タウトは、現代につながるモダンな住まいへの扉を開いたのです。目指したのは、勤労者のための「ユートピア」とＴＶ番組で取り上げられていましたが、実際に建物を見て、その言葉の重さを実感しました。ブルーノ・タウトの集大成と言われるブリッツの集合住宅は、田園地帯にもともとあった池を生かし、その池を住宅で馬蹄形に囲むことにしたのです。つまり、都市の集合住宅で田園気分を満喫する「屋外居住空間」というユニークな発想でできており、自然と建物の調和がすばらしい住環境を維持していることに気づかされました。環境を守り、建物の維持管理をきちんと行なうことが、歴史を積み重ねて建物の価値につながっていることに感動しました。

欧米の住宅の話をすると「石だから長持ちするのだ」とよくいわれますが、ここで紹介した住宅団地は、すべてコンクリートです。日本は地震が多い、ドイツと日本では気候が違うといっても、三〇年ぐらいで建て替えとはじめから寿命を決めてしまっているのは、恥ずかしいとすら思えます。

私たちは、日頃から「どんなマンション・団地でも五〇年、一〇〇年を目指そう」と呼びかけ

写真3　1929年　ジーメンス・ジードルング

写真4　1913年　ファルケンベルク庭園街
100年近いとはとても思えない

写真5　1928年　カール・レギエン住宅街

写真6　1925年　馬蹄形で有名なブリッツの外周
鮮やかなブルーが外壁に使われ、窓やドアは
黄や赤で、アクセントになっている

＜住宅団地年表＞

		入居	築
ドイツ	ピエストリッチ団地	1925	85
	オンケル・トムズ・ヒュッテ	1926	84
	レーマーシュタット団地	1928	82
	ヘラーホフ団地	1932	78
	ハンザ団地（インターバウ）	1957	53
	ライネフェルデ団地	1961	49
	ヘラースドルフ団地	1984	26
ベルリン世界遺産	ファルケンベルク庭園街	1913	97
	シラーパーク	1924	86
	プリッツ	1925	85
	カール・レギエン住宅街	1928	82
	ヴァイセ・シュタット	1929	81
	ジーメンス・シュタット	1929	81
米国	グリーンベルトホームズ	1937	73
	レストンニュータウン	1961	49
	コロンビアニュータウン	1967	43
日本	同潤会（残極少数）	1926	84
	蓮根団地	1957	30
	晴海高層アパート	1957	40
	千里ニュータウン	1962	48
	府中日鋼団地	1966	44
	立川市富士見町団地	1967	43
	多摩ニュー諏訪団地2	1971	39
	高島平団地	1972	38

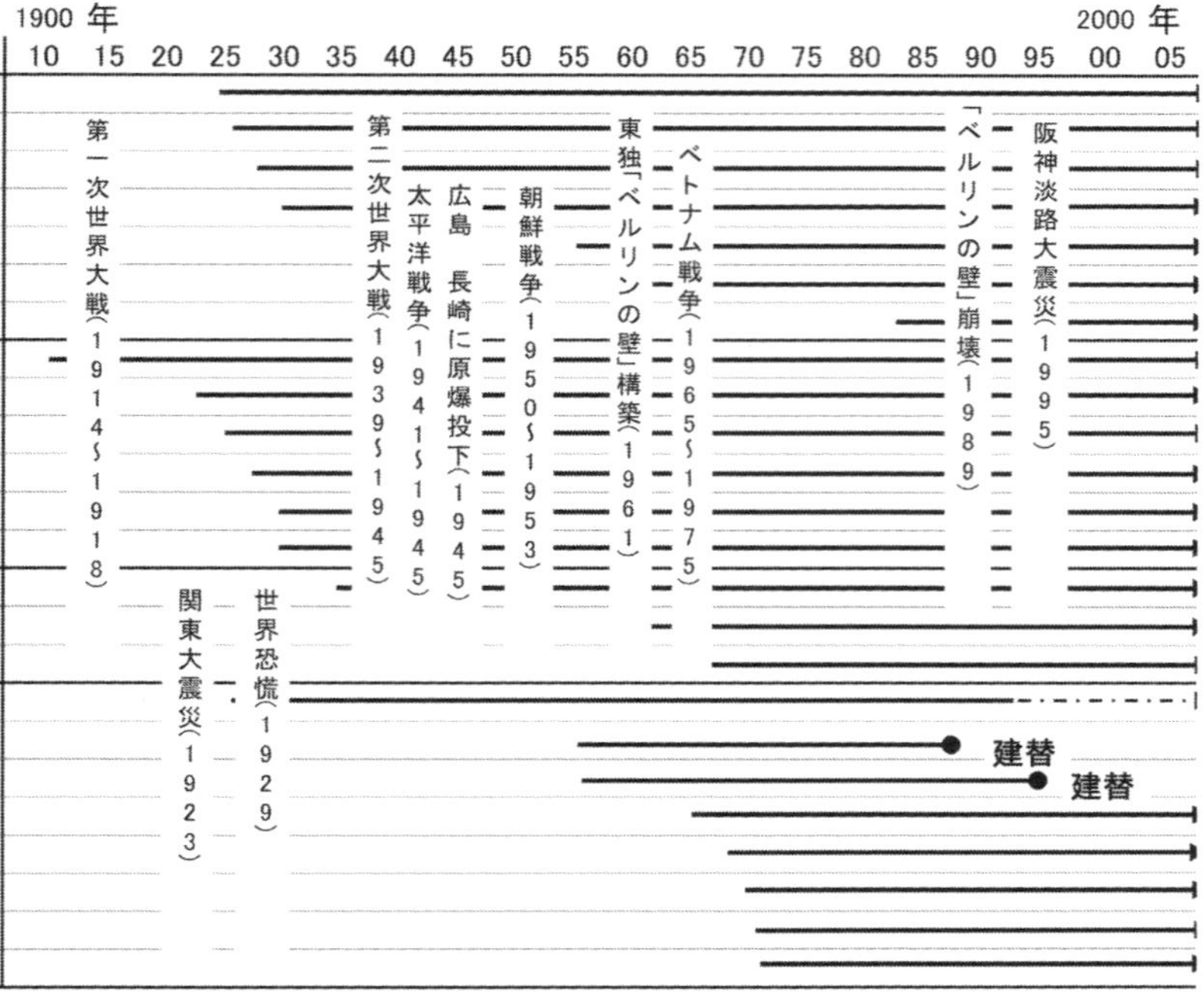

＜建物の築年数比較＞

		入居	築	年数
ドイツ	ピエストリッチ団地	1925	85	
	オンケル・トムス・ヒュッテ	1926	84	
	レーマーシュタット団地	1928	82	
	ヘラーホフ団地	1932	78	
	ハンザ団地（インターバウ）	1957	53	
	ライネフェルデ団地	1961	49	
	ヘラースドルフ団地	1984	26	
ベルリン世界遺産	ファルケンベルク庭園街	1913	97	
	シラーパーク	1924	86	
	プリッツ	1925	85	
	カール・レギエン住宅街	1928	82	
	ヴァイセ・シュタット	1929	81	
	ジーメンス・シュタット	1929	81	
米国	グリーンベルトホームズ	1937	73	
	レストンニュータウン	1961	49	
	コロンビアニュータウン	1967	43	
日本	同潤会（残極少数）	1926	84	
	蓮根団地	1957	30	建替
	晴海高層アパート	1957	40	建替
	千里ニュータウン	1962	48	
	府中日鋼団地	1966	44	
	立川市富士見町団地	1967	43	
	多摩ニュー諏訪団地2	1971	39	
	高島平団地	1972	38	

図1　建物年表は今までに行ったことがある代表的な団地の寿命の比較表です。日本の団地の寿命が短いのが分かります。建て替えてしまったものは別にしてこれからは100年を目指したいものです。

ていますが、自然と建物の維持管理ですばらしい住環境をつくりだしているお手本を見ることができ、自分の発信に勇気をもらったのです。ドイツでは、建物があたりまえのように「大切に大事にされている」ことが印象的でした。

3　ドイツはエコ社会を目指している

世界の至るところで、とくにドイツでは脱原発、みどり、環境、鉄道、舟運、太陽光発電、風力発電、自転車の電車内持ち込み、町中レンタル自転車、外壁断熱、超断熱による無暖房住宅などが取り組まれています。歴史的にはもっとも古い一八八一年からベルリン郊外に路面電車が走っていたこともあり、人口が一〇万人を超す都市では、ほとんど運行しています。新型車両ＬＲＴ（軽量軌道車両）も多く取り入れられ、低床車両で乗り降りが一層楽になっています。ドイツの交通機関は、運賃の収受に信用乗車方式が取り入れられ、改札口がなく、どの交通機関も共通して乗れるという大変便利なシステムになっています。二四時間券や四八時間券があり旅行者にも便利です。また格安な環境定期券は、貸し借りが可能、一定の地域のほぼすべての交通機関が乗り放題になっています。自動車依存から公共交通利用に切り替えるという環境に配慮した様々な工夫がされています。

アメリカをはじめ、世界中で聞かれるのは、「グリーンビジネス」「グリーンニューディール」という言葉で、この合い言葉で大企業がまた儲けるのかという気もしないこともありません。しかし戦争や兵器をつくって儲けられるよりは良いにちがいありません。環境が良くなって儲かるのなら歓迎します。

ドイツでも風力発電のタワーがたくさん見られました。脱原発を宣言したドイツの具体的な代替えエネルギーの方策として電気料の買い取り価格が日本より高かったことが、太陽光発電も含め、有効に生かされている気がします。

写真7　ドレスデンを走るトラム　軌道が緑化されている
世界中でトラムが計画されています。床が低くて使いやすい車両もたくさんあります。国鉄、地下鉄、トラム、バス共通券です。自転車も犬も載せられます。

ドイツで感じられたのは豪華な住宅ではありませんが、生活する人に合わせて作りそして使っているように思えました。
引き続きヨーロッパを学ばなければならないような気がします。

ベルリンの国会議事堂（ライヒスターク）は、一一六年（一八九四年築）の歴史があり、一九一八年に共和国宣言を行なった場です。一九三三年にナチスの放火により火事になりました。一九四五年には連合国の爆撃に続くベルリンの戦闘でも現場になったそうです。ドイツの東西統合のあと、一九九九年に大改修が行なわれ国会議事堂として使われるようになりました。ガラス張りのドームから議場がのぞけるようになっています。
ドームのガラスは太陽の動きにあわせて常に角度を変え、直射日光を議場にいれず、かつ議場を常に明るい光で満たすよう、換気も含めてプログラミングされているそうです。大胆なリモデルでの空中回廊は「国民が一番上」という発想を表していることも含めてすごいと思います。見物人が多いのも頷けます。その上にエコを充分意識しているという点も改めて感心しました。

ドイツ連邦議会議事堂（国会議事堂）

写真8　ガラスドーム内側にらせんの階段があって上までのぼれます

一八九四年（明治二七年）　築一一六年

日本　国会議事堂

一九三六年（昭和一一年）　築七四年

迎賓館（元東宮御所）

一九〇九年（明治四二年）　築一〇一年

日本の国会議事堂は二・二六事件があった年にできていますので、日本では長持ちしている方の建物です。迎賓館はもっと長持ちしています。日本でも建物を長生きさせることは不可能ではないのです。

三、長生きマンション・長生き団地

1　診断は長生きへの第一歩（人も建物も診断が大切）

①　建物を総合的に捉えよう

建物を構成する部材はたくさんあり、それぞれの寿命が違います。手入れをしなければ想定される寿命も全うできません。手入れが良ければ寿命は想定より長くなります。

建物は大きく分けて「建築」と「電気」と「管設備」で構成されています。この「建電管」を、総合的に見ることが必要です。

②　調査と診断

建電管の中はもっと細かく分かれます。それぞれの経年変化を調査することと、それを一つの資料として捉え、建電管を総合的に把握し、特徴を分析し、対応策を出すことが診断です。見て現状を把握することを目視調査といいますが、この調査は知識と経験と総合性がものをいいます。コンクリートの劣化を調査する器具を使って数値的に分かることなどと組み合わせながら、建物の経年度を調べます。

③　コンクリートを科学する

建築後のコンクリートの強度は、コンクリートのかたまりを採取して、それを圧壊させて調べることができ、簡易的調査としてはコンクリートの反発力を強度に置き換えるシュミットハンマーを使って調べる方法があります。

コンクリートはアルカリ性です。そのために中にある鉄筋は錆びません。しかし空気に触れている表面から中性化が内部に進んでいきます。中性化が鉄筋まで進むと錆びます。錆びると容積

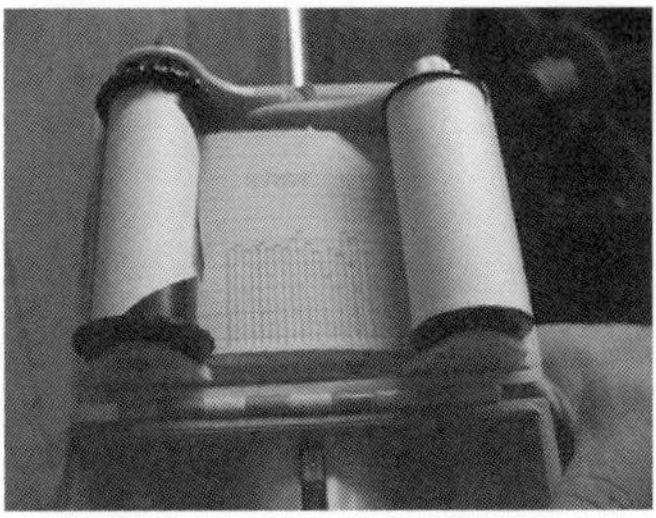

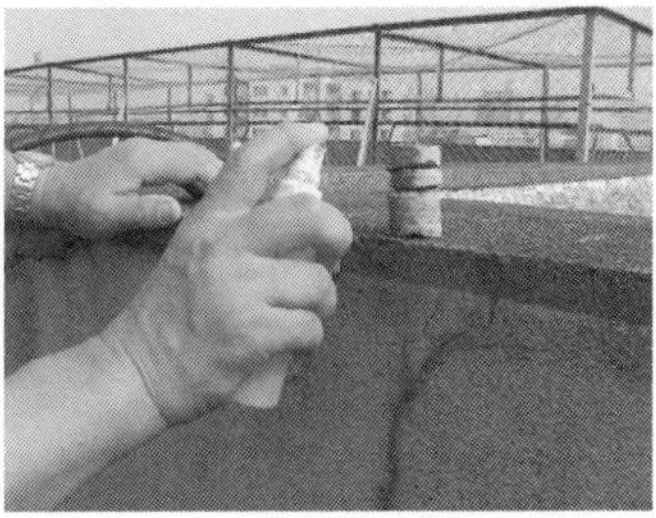

写真9
左上）シュミットハンマーによる簡易式コンクリート強度試験
右上）ハンマー内部の用紙にデータが刻印されます
左中）塗膜付着強度試験　塗り重ねが可能かどうか判断します
右中）コアサンプルにフェノールフタレイン溶液による中性化深度試験
左下）タイルの打検試験
猫も手伝ってくれた

が三倍にもなりますので、中から外へコンクリートを押し出します。これは「爆裂」現象と呼ばれています。中性化の調査はコアサンプル（小さな固まり）を採取し、リトマス試験液を吹きかけて赤色化反応で確認します。これを「中性化深度試験」といいます。

コンクリートの中性化を防ぐ意味もあって表面を塗装します。塗料によって中性化の速度が数分の一になります。中性化しないと主張する塗料も開発されています。修繕の場合は前の塗料がしっかりと、コンクリートに付着していれば塗り重ねができて好都合です。どのくらいの力で付着しているのかを調べるのが「塗膜付着力強度試験」です。

2　マンションが活き返る（「マンションリノベーション」「リファイン」）

マンションリノベーションとは、既存のたてものに改修工事を行ない、新築時の機能・性能以上に向上させることをいいます。したがって長く使えることになります。

新築後だんだん劣化していくのを遅らせることを「維持」、新築時の状態まで戻すことを「補修」、新築時より良いものにすることを「改修」と言葉を使い分けています。

少し前は「大規模『修繕』工事」といいましたが、最近では「維持・補修・修繕」に「改良・改善」

を含めて「大規模『改修』工事」と意識的に呼んでいます。

維持・補修だけでなく、バリアフリー化や後述のエレベーター設置なども改良改善の一種で、リノベーションの典型と思います。

次のような言い方をしているときもあります。

・修繕工事─部材や設備の劣化部の修理や取替えを行ない、劣化した建物またはその部分の性能機能を実用上支障のない状態まで回復させる工事
・改良工事─建物各部の性能・機能をグレードアップする工事
・改修工事─修繕及び改良（グレードアップ）により、建築物の性能を改善する変更工事

このような考え方を表したのが次の**図2**です。

今までのこのような図は右下がりの角度を緩くする努力を描いたものでした。

しかしこの新しい図では適切な時期の修繕、住民の要望への対応、グレードアップを行なうことによって当初に想定されていた寿命を延ばそうという言葉を一括して表しています。

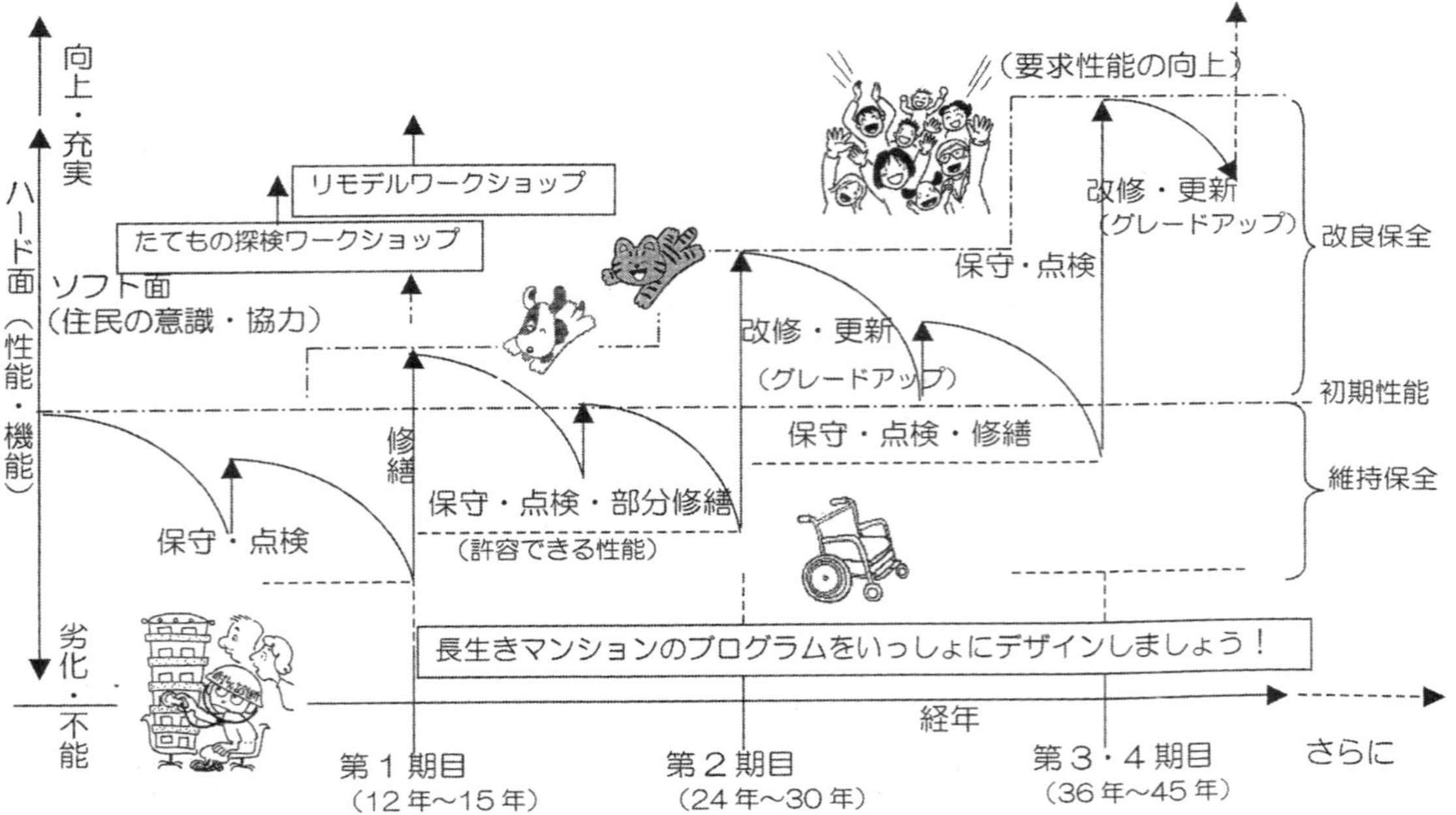

図2　マンションの住民参画とリノベーション

私たちは、住民が建物を見て調査することを「たてもの探検ワークショップ」と呼んでゲーム感覚を取り入れて楽しみながら行なったりします。修繕をどんな風に行なうのかも同じでこちらは「リモデルワークショップ」と呼んでいます。

3 点検や清掃が容易なほど長生きに

点検が容易にでき、必要な設備を簡単に交換ができれば維持管理の悩みは少なくなります。これまで述べたように、わが国では全体的に住宅を長く持たせるという風潮がないのは事実ですし、建物を構成するそれぞれの部位、部品や設備の寿命もあまり長くありません。

その一つ一つについて、点検や清掃が必要なものは点検や清掃をしやすく、寿命が短いものは交換をしやすいようにつくられていなければならないはずです。

例えば、電球が交換できないような高いところにある照明です。風呂場、トイレなどに使われているシロッコファンは掃除をすることが難しい機種がほとんどです。掃除ができないので、ほこりがたまり、固まってファンが動きにくくなります。やがてはモーターが焼き切れてしまうという悪循環で、寿命が短いのです。同じシロッコファンを使っていてもレンジフードは油がつき、落ちてくるので、一応掃除ができるようになっています。それでも清掃がしやすいというにはほど遠いのが現状です。

アルミの窓格子などはよくさびが出ます。アルミの弁当箱で梅干しをいつも置く場所がさびてくるのと同じです。乾拭きでよいのですから、よく拭いたらいいのです。それだけで長持ちします。

4　耐震診断、耐震補強

日本では地震が一日に三〇〇回も起こり、それは世界の地震の一割、震度四以上なら三割ともいわれています。日本で暮らすなら地震への対応をしておかなくてはなりません。

太平洋プレートとユーラシア大陸プレート、フィリピン海プレート、北米プレートがぶつかっている上に日本列島があります。

一九九五年の阪神・淡路大震災は五、五〇〇人もの直接の犠牲者、その後も一、〇〇〇名近い方が亡くなった大災害です。

マンションや団地でも被害が出ましたが階段室型の住宅は壁式構造が多く、地震に強いことが分かってきました。大きな被害の出たマンションを改修するのか建て替えるのかは判断がむずかしいところですが、本来は修繕で済むのに開発指向の風潮の中で建て替えられてしまったマンションも多かったと聞いています。

芦屋市では超高層住宅も被害が出ていて、今でも補修の状況が見ることができます。新しい技術も解明できていないことがたくさんあります。マンションや団地でも耐震診断、必要なら耐震補強を行ないましょう。

二〇〇五年の福岡県西方沖地震では当時建築四～七年くらいのマンションに被害が出ました。建設時にぎりぎりの「限界設計」「経済設計」が原因だと聞きました。構造的な問題もあったと聞いていますし、壁にひびが入りドアが開かなくなったマンションもありました。火事が起きれば人命が失われたと思います。

ただ一人亡くなった方の被災原因はブロック塀の倒壊です。ブロック塀が危ないというのはかなり以前からいわれてきたことです。こういうことで人命が失われるのは本当に残念です。

この地震ではガスによる火災はありませんでした。福岡では阪神大震災での経験に学んで（東京では普及が完了している）制御装置のない旧来型から新型のマイコンメーター「マイセーフ」に交換していました。交換が完了したのは、都市ガスは利用者の一〇〇％、プロパンでも九九・七％だったことが効果を発揮したと考えられます。

対策をすれば被害が少なくする効果があるということが分かった典型といえます。

5　住民参画型が成功の基

長生きマンションへの道は住民参画から始まります。住んでいる人たちがここで住み続けたいと思うようになるには、建物を知り、それを維持し改善改良をしていきたいという意思を持つようになることも大切なのではないでしょうか。建物を知るための調査方法については前述しましたが、外部の人が調べたデータよりは知っている人が、できれば自分が調べるのが一番深く把握できると思います。調べるといっても何

写真10　住民参画型の「たてもの探検ワークショップ」　屋上調査風景

をどのようにしてということが分かっている人は多くありません。それならば、みんなでやってみようというのが「たてもの探検ワークショップ」です。

外部に専門家の協力を求めない場合は自分たちで行ないます。専門家に協力を依頼するとしても住民参画型で進めていく姿勢を持っている人を選ぶのがよいと思います。

6　たてもの探検ワークショップ（ある団地の例）

あるたてもの探検ワークショップでは理事さんたちをはじめポスターとチラシを見た三〇名の住民が参加しました。専門家チームはマンション管理士、建築士、設備技術者、地質科学者、塗料メーカー、大学教授、福祉住環境コーディネーターなどが多様な角度からの調査を行ないました。研修も兼ねていましたので、専門家も三六名も参加して建物診断の実地を学習しました。

「見る、聞く、感じる」という人間の感覚で分かる範囲をみんなで調べます。同時に行なわれた専門家による調査を見ることによって、「建物診断」が漠然と行なわれているのではないということが分かります。参加者はまずは老朽化しているところを探すことになるでしょう。外壁の他の部分と色が変わっているところなどが目につきやすいと思います。コンクリート躯体のヒビや

写真11　たてもの探険ワークショップを行なっている風景
たてもの探検ワークショップは、悪いところを探すだけではありません。自分の住んでいるマンションや団地の魅力も調べます。住んでいる人を知る機会にもなります

タイルのヒビなども見つかるかも知れません。そのヒビからコンクリート躯体内部に水が浸水することが問題なのです。打検ハンマーという簡単な道具を使うと手の届く範囲のコンクリートやタイルの浮きが調べられます。給水と排水についても調べます。水がどこから来てどこに流れていくのかということは小学生の自由研究の良いテーマだと思います。

目視調査という人間が直接行なう調査と、検査器具などによる数値などのデータと、事前に行なった住民へのアンケート結果、経験に基づく類推などを総合的に検討します。

四、建て替えの問題点

1　建て替えは簡単

二〇〇八年のマンション学会では「ヨーロッパで集合住宅が建て替えをしないのは、周辺の環境が変わらないからだ」という考えが話されていました。道路幅と中庭の広さで日照や通風が確保されているので、同じ建物が並んでいる限りは住環境に変化がなく、建て替える必要がないというものでした。

建て替えというのは団地なら全体の一括建て替えしかないといわれていましたが、この間に生じた様々な理由から建て替えが進まないという状況がある中で色々な進め方も考えられ始めています。

建て替えはむずかしいといわれていますが、建て替えには構造的に弱い、設備の陳腐化、狭いなどの理由が考えられ、それに対してきちんと調査・診断を行ない、誰の目から見ても「建て替えしか解決方法がない」と回答に行き着けば、合意形成がつくられ「建て替えは簡単」といえます。まだ使えるのに建て替えようとするから抵抗が大きいことになるのです。

マンション住民は建て替えしか道がないと納得すれば解決できる知恵も力も持っています。今の建て替えの問題はそういった住民への信頼のなさが原因の一つになっていると思います。

2 建て替えた団地は「長生き失敗団地」（本当はこんな単純ではありませんが）

建て替えていない団地を（住民の反対などで）建て替えができない団地という人もいます。しかし、建て替えをした団地は「長生きに失敗した団地」といえるのではないでしょうか。

そもそも建て替えをしたい理事会が、建て替えをしたいコンサルタント会社に案を検討させても適正な結果が得られるわけがありません。

一括建て替えだけではない方法は今までも考えられてきました。「エリア分け」もその一つです。次のような住み替えを団地の中でエリア分けをします。

基本的には今のままで修繕と小改善を続けて住んでいきたいと思っている方たちは「修繕エリア」に集まります。ドイツの団地の紹介で述べたように団地は快適な状態で長持ちさせることができます。

エレベーター設置など大胆な新しい設備改修を含む工事を行ない利便性を高めたいと思う人は「改修エリア」に集まります。

建て替えたいと思う人は「建て替えエリア」の棟や棟のブロックに集まります。「建て替えエリア」の土地を有効に使って近隣の環境も良くなる建て替えを行なう進め方なら、このまま住んでいたいという人との摩擦が少なくなると思います。

住民の意向をもとにこのようなエリア分けをした方が問題は進むのではないかと思います。マンション・団地ごとに違いますが、大体は建て替えない案をつくることに対してお金も時間も使っていません。建て替えなくても大丈夫という案も充分に検証されなければならず、その上で、やはり建て替えた方がよいという結論が出ていれば、建て替えに反対している人も減るでしょう。「自分の生きている間だけ持てばいい、生きているときは建て替えを待って欲しい」という声を時々聞きますがやめるべきだと思います。それは利己主義ですから、周りに共感する人がいなくなり、孤立してしまいます。

建て替えを「成功」させた団地の記録が本になって出版されていますが、読んでみるとおかしな点があります。自分たちの住んでいた住宅を低く評価しているのです。今の技術で直せるところを放っておいて悪くなったといっているような場合があります。ひどい例ではコンクリート床に工事で使用した穴を埋め戻ししていないということが火事の場合に燃え広がって「危険だ」というものがありました。こういう場合は売り主と交渉して、直させるのが、管理組合の役割です。何十年経っていようと売り主が逃げられることではありません。仮に売り主がいなくなっていたとしたら、管理組合で直せばいいことです。これだけの大事業を行なえる管理組合が気づかないわけはありませんし、権利意識もないと思えません。コンサルタントも必要な対処方法に気がついていたはずです。こんなことを強調しなければならないところに、疑問を感じます。

ある団地では反対する人に対して強制執行が行なわれました。同じ住宅に住んでいる同士がそこまで対立してしまうのは避けなくてはならないと思います。

色々な例の中には、今のままではいやだという人もたくさんいたと思います。また今のままでも良いと思っていた人もたくさんいたと思います。でも科学的で誰もが納得できるメニューがなかったのが、残念です。

「安建研」というのはいかがでしょうか。「安易な建て替えをしないための研究」の略です。

全国で同じことが起きていますが、困っている人たちの交流や知識の蓄積をする必要があるのではないでしょうか。

3　階段室型住棟にもエレベーター設置

ここでは、住みやすく環境も良いのに、エレベーターがないからと住み続けることをあきらめないで、逆にエレベーター設置の可能性を探ってみましょう。

片廊下式へのエレベーター設置は進んでいますが、階段室型への設置は、技術と費用の点から進んでいません。階段室への中間踊り場昇降タイプのエレベーター設置の例はあります。

ドイツでもベルリンのヘラースドルフ団地では、後付けでエレベーターがずらりと設置されていました。日本では国がエレベーターメーカーとゼネコンなどを協同させて、数百万円程度で階段変型用の装置の研究をさせました。かなり難行したものの、できました。設置工事を行なった団地もたくさんありますが、停止位置が中間の踊り場なので、車いすへの対応でないことと、経費が理由かも知れませんが仕様が落ちる感じがします。これが原因かどうかは不明ですが、思ったより広がっていません。一階からもエレベーターが利用できないことも原因かも知れません。車いす対応の住戸は全体の一〇分の一ほどと考えれば、五階建ての場合なら一階だけの改善で済みます。

廊下を取り付けて住棟に一台のエレベーターという方式も考えられます。

大阪府八尾市のある団地ではこの方式ですが、とても素敵なデザインです。北側に廊下を取り付けていますが、住戸の水回りを改善できる北側増築を行なったこともあって、全体のバランスがとれていました。

写真12　五階建て階段室タイプに後付けでエレベーターを設置した団地

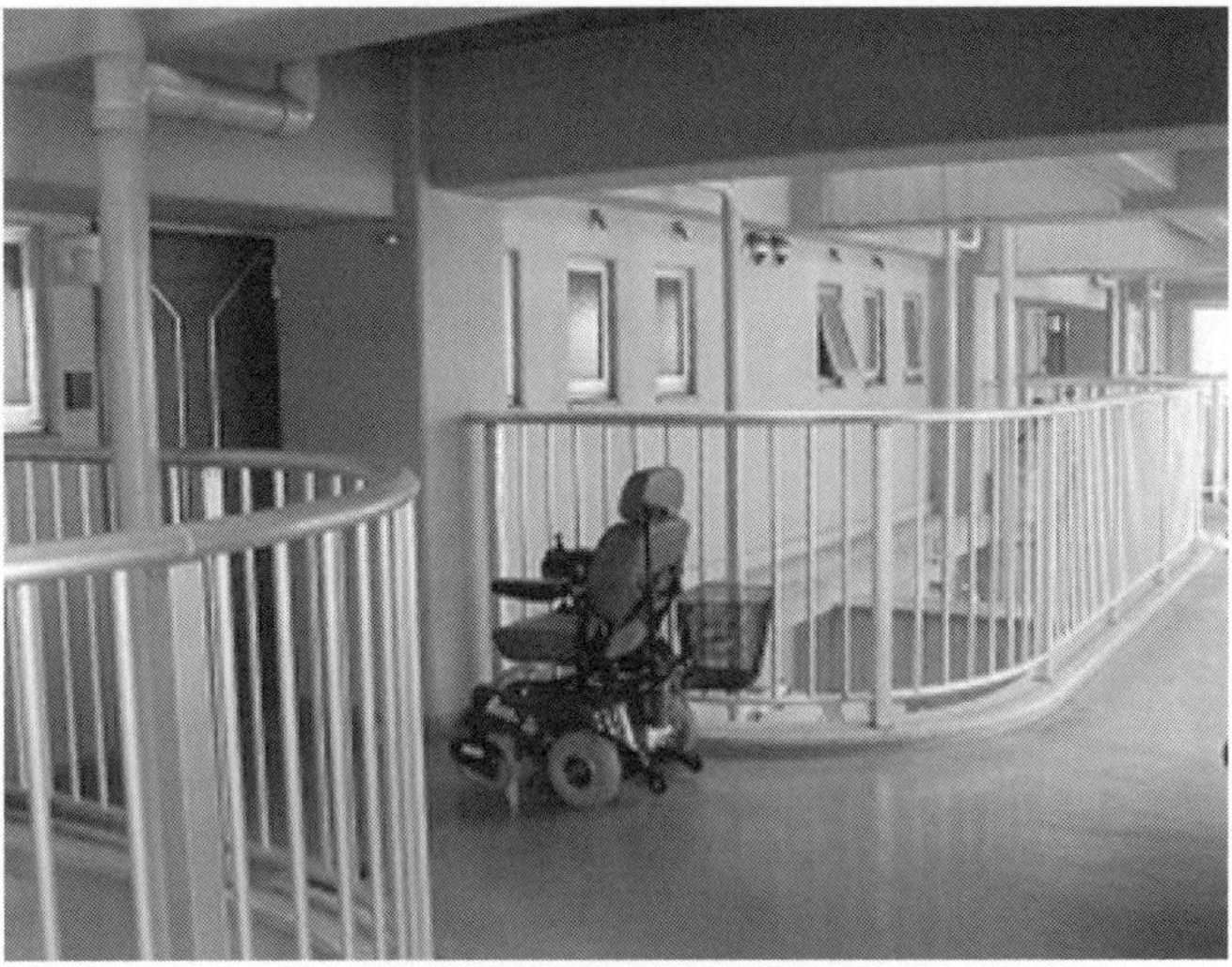

写真13　八尾市営住宅の廊下

写真14　八尾市営住宅　エレベーターなしの棟

視察に行ったときに電動車いすが玄関ドア前のアルコーブに置いてありましたが、違和感がありません。この団地はエレベーターを取り付けたのは一棟ですが、他の八棟も北側増築を行なって便利になっています。アプローチにゲート風の飾りをつけてあって若い人はこちら、車いす利用になったら当該棟にといったような感じでした。

こうした研究の例では廊下を上から吊り下げてエレベーター塔と組み合わせるものもあります。

エレベーター塔の周りに階段を巻き付け、一体型の昇降塔として独立して建造し、それを利用しながら住棟と上階からつないでいくというものも実験設置されました。一階も利用でき、階段を使えない期間は各階二日間だけという工事のシステムも含めて大変に優れたものです。設置工事費とメンテナンス費用を負担するのは大変ですが、設置を望む人もいると思います。

数階おきにしかエレベーターの止まらないマンションもありますが、全階停止に改良できるように検討しましょう。たいていの建物は可能なような気がします。

それぞれの団地や住棟にエレベーターの後付設置ができるかどうかチェックするためには、ま

写真15　都営住宅　片廊下式住宅へのエレベーター設置

写真16　都営住宅　5階建て中間踊り場
着床タイプのエレベーター設置

写真17　高島平団地　地上から1階へのエレベーター式の段差解消機

写真18　光が丘の団地　数階おきにしか止まらないタイプ

ずはプレ調査（事前調査）として現場や設計図書類の有無の確認をします。

次の段階は基本調査として図書類からのデータ精査、現場調査、自治体の対応について聞き取りをした上で取り付けるかどうかの判断ができます。地盤等のことで再調査が必要なときもあります。

それが済めば構造上のことも含めて設計ということになります。自治体への建築確認が必要ですが、バリアフリー化は国の政策であるからか、ゆるやかな対応をしてくれると聞いております。

五、様々な課題

1　欠陥はなくて当たり前

住み始めたばかりで不具合箇所が表面化し、個人や管理組合全体の問題になっているマンションもあります。そういう場合でも、住民だけであるいは専門家の手を借りて解決できた例もたくさんあります。

住居は数千万円もお金を払ってたいていの人は一生に一度の買い物です。大きな買い物なのですから、欠陥がなくて当たり前です。もしあった場合は、親切で誠実な契約に基づくクレームへの対応が当たり前と思うのですが、残念ながら、少しでもお金が掛かることはいやだと後ろ向きの対応がほとんどです。

建築的な欠陥や不具合は、設計や工事中の手抜き、未熟な技術が原因でできてしまう場合が多いのです。権利上の不衡平や管理上の欠陥の多くは計画のときに知っていながらそれを無視してつくられています。

ですから計画の時点から住民の立場の専門家が関わる必要があります。「〇〇事務所の設計チェックが入ったマンションなら安心だ」といわれるようなシステムが求められます。

アフターサービスは、特別な条件が書いてなければ原因の如何を問わず修繕してくれるものです。建築瑕疵については法令で定められているものもあります。

住宅品確法（住宅の品質確保の促進等に関する法律）では新築住宅の取得契約において基本構造部分・雨水侵入について一〇年間の瑕疵担保責任が義務づけられています。請求できる内容は「修補請求」「賠償請求」「解除」となっています。二〇〇九年一〇月からの住宅瑕疵担保履行法（特定住宅瑕疵担保責任の履行の確保等に関する法律）でも一〇年間が期限になっていますので、一〇年単位で考えてみましょう。

一〇年間は今までと比較すれば良くなったのではないかと思われますが、逆に業者は一〇年間持てば後は責任がないといいだすのではないかと心配しています。しかし一歩前進したことに間違いはありません。

マンションを買った場合に直して欲しいと思う不具合箇所は、アフターサービスの規定や法律の有無を問わず、「欠陥や不具合はなくて当たり前」なのですから、あればきちんと直してもらいましょう。

もし不具合があった場合は他の人に明確に状況を伝えることができないと解決がむずかしいと思いますので、記録の方法を工夫しましょう。アフターサービスの基準内かどうかを問わず、まずは自分で記録を取りましょう。現象、日時、連絡や確認をした人物の氏名や肩書きをメモにします。他の人に内容を把握してもらうために一連の記録にしておきましょう。売買契約の相手側にも当然確認してもらいます。

アフターサービスの範囲を超えるようなものは瑕疵として考えます。瑕疵は問題や責任の大きさによっては契約解除までできる場合もあります。

相手側の報告書を提出してもらったり、双方で確認したメモをつくったりすることも大切です。報告書は、確認した人の氏名、所属や資格、類推される原因、修補の方法、責任の所在、損害賠償などの内容で構成されていることが望ましいのですが、完全でない部分的なものでも、拒否しないで受け取っておきましょう。
アフターサービスは住宅品確法なども基準がありますが、法律での最低基準です。それを守るだけでは他のデベロッパーとかわりがありません。内容も期限も上回る保証をするかことは、手間とお金がかかりますが他の会社と差をつけることができ、次も選んでくれたり、お客さんを紹介されたりすることになるのですから、相手側にとっても一概に不利とはいえないのです。

権利の問題でも住民の意向を汲み、建築法規上、法律上でも、科学的にも社会的にも説得力を備えた専門家の力は、住民の怒りとともに欠陥問題を解決できる大きな手段になると思うので、その力の活用も心がけるべきです。

デベロッパー側の分断策は今でも目につきます。「あなたの住戸は直すが、全部に対応するのはむずかしいので他の方には内緒にして欲しい」というのが手です。そのときこそ自分だけが直ればいいというエゴでいいのか、みんなの問題として一緒に前進できるのかが問われています。
全体へのアンケートが有効です。その際は専有部で起きていることも記入してもらいましょう。個人的には専有部だけの問題であると思っていても原因は共用部にあることが多いからです。専有部だけの問題だとしても多くの住戸で同じことが起きれば大きな問題です。多くは管理組合全体の問題です。例えば住戸の壁にヒビが入っていたとして、反対側の住戸にも同じような箇所にヒビがあったとしたら、ヒビはその壁を貫通している可能性が高いことになります。こうなれば共用部の問題です。

「欠陥マンションだとレッテルが貼られないように内緒にしておいて欲しい」という声が住民から出されることもありますが、内緒にしていては解決もできないと思いますし、売買時に内緒にしていたら責任が問われます。「欠陥はなくて当たり前」という権利意識を持ちましょう。

2　二つの「高齢化」

マンションという居住形態は一九六〇年代から本格的に供給され始め、一九七〇年代以降に急速に普及し、二〇〇一年に総戸数は四〇六万戸、居住人口は一、〇〇〇万人を超え、都市型居住として定着してきました。築三〇年を超えるマンションが、二〇一〇年度には一〇〇万戸におよぶといわれ、「マンション高齢化時代」と呼ばれる時代を迎えています。地方都市でも二五年を超えるマンションは多くあり、対応を始めている自治体もあります。

私は三〇年を超したマンションを一概に高齢化と呼ぶことは不適切と思っています。マンションの高齢化には、大きく分けると居住者の高齢化と建物の老朽化という二つの意味があります。居住者が高齢化することによって、理事のなり手がいない、管理費や修繕積立金が支払えない等のソフト面での問題が発生し、建物の老朽化という点では、単に建物が古くなるというだけでなく、エレベーターがない、段差がある、階段に手すりがない、車いすが通れないなど、居住者の高齢化に伴い建物の設備や施設等の住環境が生活困難の原因となっているというハード面での問題があります。高齢者居住を支えるシステムをマンションで、またマンションを含めた地域社会でどのように構築していくのかが問われます。住み方の工夫や経験が年とともに積み重ねられていることに間違いないのですから、それを活かした対応こそが進むべき道と思います。

3　高齢者

高齢者が多くて困っているという話を聞きます。なぜいけないのでしょうか。東京都板橋区の高島平団地での会話です。「高齢者ばかり増えて困っています」「高齢者がよそから引っ越してくるのですか？」「違います。住んでいる人が年をとったのです。引っ越しをしないで住み続けているからです」と話していました。高齢者にとってずっと住みたい、ずっと住めるというのは良いことなのではないでしょうか。

高齢になっても住み続けられるためには、何が足りないのか、もっと考えて足りないものは補いましょう。高齢者だけが住むことが良いといっているのではありませんが、どの年代が見にきても「ここで住みたい」と思わせるマンション・団地を目指すべきだと思います。とくに自主管理を行なっている団地などでは一定の動ける年齢層がいないと管理がむずかしくなる場合もありますので、若い人が外部から見に来たときにもここに住みたいと思うような団地にしてくことが大切です。

きれいにしておくことも大切ですし、インターネットや光通信なども自分とは関係なくても「若い衆がそれで喜ぶならやってやろう」と積極的に設置しておきましょう。

4　共用部のバリアフリー

戸建ての建物も、マンションなども住宅の中を改修しただけでは外に出ることができません。そのためには共用部分の改修が必要になります。もちろん、携帯用スロープ（利用時だけ段差のあるところに設置する板）などを利用して個人の範囲で解決するという方法もありますが、上層階に住んでいたり、玄関口まで距離があったりすると携帯用スロープを運ぶことも容易ではありません。

住んでいるみんなが楽しくなるようなマンションは、優しいマンションでもあります。優しさの表れとして、バリアフリー化があります。「だれでもが住み続けられるマンション」と考えれば、段差がなく車いすでも通行ができることは一つの条件です。

専有部は自分の判断だけでバリアフリーにできますが、共用部分は管理組合の承認が必要ですし、個人のお金で共用部分の改良工事を行なうのは本来ふさわしくありません。また介護保険でも共用部の住宅改修はできますが、矛盾も出てきます。

共用部分のバリアフリー化は、技術的・法規的に可能か、住みながらの工事が可能か、工事費はどのくらいか、全体の合意が得られるかなど様々な問題があり、なかなか解決できません。そのような状況を考えると、大規模改修工事を行なうときに、あわせて計画することも合理的です。

階段に手すりを設置する、入口を自動ドアに変える、段差をなくしスロープにするなど、共用部分をバリアフリーにするということは、そこに住む人の特定の障害にとって安全で使いやすいというバリアフリーから、「誰にでも便利になるユニバーサルデザイン」ということにつながります。

共用部分のバリアフリー化は、長く住み続けられるという状況をつくります。バリアフリー工事は、「ある特定の人のために」という印象を持たれると合意形成がスムーズに行かないことがあります。特定の対象者がいる

写真19　2段手摺りの増設とスロープを長くして勾配を緩くした重いドアもオートドアに改良。板橋区の助成制度利用

写真20　階段の下階から上階までの連続手摺り設置　板橋区の助成制度利用

写真21　道路の駐車場の間の段差解消スロープ
階段は残した　千葉県柏市

とその人のためにやるのなら当人にお金を負担してもらえという声も時々出ます。また、当人が気兼ねすることもあります。逆説的ですが、利用対象者がいないときがむしろチャンスで、そのときの方が、話が進むことが多いようです。大規模改修工事の時期に、直接の対象者がいなくても、怪我でもすれば誰でも対象者です。一〇年先を視野に入れた改良工事を検討することが大切です。

また、バリアフリーは防災という点からも進めるべきでしょう。例えば手すりが連続していれば、暗くても、それを伝いながら安全に階段の上り下りができます。また、バリアフリーを進めることは、日常の安全確保でもありますが、さらに災害という非日常時にも役立ちます。

東京都板橋区では「福祉のまちづくり施設整備助成制度」があります。この制度は、一定の基準のマンション共用部分のバリアフリー化に関して工事費の半額か、上限三〇万円までの助成をしてくれるというものです。同じマンションでも年度が変われば利用できますので、今回は二階までの手すり、次年度は三階から五階までというような利用の仕方もできます。また、居住されている方に具体的な障害がなくても制度が使えます。

この制度の優れている点は訪問する人が障害を持っている場合もあるかも知れないということ

にも対応していることです。逆にこの制度の弱点は賃貸住宅に利用できないことです。所有者の資産の形成に寄与するというのが理由らしいですが、区分所有のマンションでも同じです。賃借していても区民なのですから公平になるように改めて欲しいものです。

お住まいになっている自治体によって助成制度がある場合がありますので、調べてみましょう。

5 集合住宅でもペットと暮らす

「マンションだから、団地だから」という制約は少ないほど良いと思います。一定のルールの中でならペットを飼っても良いとなれば、集合住宅での制約が一つ減ることになります。ペットで問題になるのは、鳴き声や臭いなどのしつけのことが多いようです。ペットのしつけよりは、むしろ飼い主である人間のしつけが問題です。

ペットの習性を知り、建物の条件も考慮して、ペット選定や飼い方を工夫するのは当たり前のことでしょう。

川崎のN団地では、ペットを飼えるように規約を変えました。二四〇戸中「反対ゼロ、保留二」で承認されたのです。保留した次期副理事長候補は「個人的には時期尚早だと思うが、決まった以上は議決に沿って努力します」と発言しました。成熟した民主主義の姿を見たような気がします。規約を変える前の調査では一割の方が飼っていましたが、規約を変えた後の調査では二割になりました。隠れペットが一割もいたことになります。ペット、非ペット、中立のそれぞれの立場にいるメンバーを集めてのペット委員会を立ち上げ、検討をしました。また、ペット倶楽部をつくり共存できるようにするための工夫をしています。ペット講座も行ないました。講座には獣医、犬の訓練士、保健所職員が講師になり、住民はペットを連れて参加し、大変勉強になったと喜ばれました。もう一五年くらい経っていますが、その後大きな苦情はないようです。

それ以後も、講座を開いて獣医さんのお話を聞いたことがありますが、講座としての人気は高く、多くの参加がありました。参加者は講師も含めてみんな「うちの子は」といっていました。そのくらいペットを愛しているのでしょう。

最近はマンションでペットを飼えることを売り物にしている例もあります。中古でも「大型犬可」という例もあります。新築の場合は足洗い場など設置してあるマンションもありますし、ペット可とするエレベーターを設置していて、ペットを載せている場合は「ペットボタン」を押して、待っている人に知らせるという設備もついています。

ただペット用の設備があってもなくても、マンションで起こるペットの問題はやはり「ペットのしつけより飼い主のしつけが先」のような気がします。

既存のマンションでペットを飼えるように規約を変更する場合は、規約を変える前に、「飼うとしたら細則はどうすれば良いか」を充分検討しておくことだと思います。規約を変えてからでは、「規約では飼えることになったのだからうるさいことはいうな」となって、共存のための必要な細則ができなくなってしまいます。

6　暮らしの視点からのマンション購入へのアドバイス

マンションの購入についてアドバイスしておきたいことは色々ありますが、ここでは一、二例示しておきましょう。中古マンションの場合ですと、新築と違っているので先住者の生活ぶりが分かるわけです。評価の観点はいくつかありますが、例えば掲示板を見てみることも役立ちます。何回も見られるところなら評価はより確実になります。何も貼っていないのは「×」ですし、役所や管理会社のお知らせだけなら「△」です。管理組合のことが貼ってあれば「○」です。「○○○号室の○○さんのうちに赤ちゃんが生まれました」などという祝いごとのお知らせが貼ってあれば「花丸」です。

自転車置き場の子ども用補助座席の有無で大体の年齢層が分かります。生協に加盟している人が多いかなどもどんな人がいるのかを知るポイントにもなります。

集合ポストや玄関ポストに氏名の出していない人が多いマンションはどうでしょうか？

あなたの生活と合うかどうかの判断材料になるかも知れません。

このような生活に密着した色々な観点からの評価も大切です。購入時の選択の指標の一つになるでしょう。

7　集まって住むのは楽しい（ある団地の取り組み紹介）

私の住んでいる団地は、二〇〇八年に二回目の大規模改修工事を終え、管理組合（分譲部分）と自治会が、それぞれの役割を分担しながら、住みやすい環境をつくっています。集まって住むためには、いろいろな課題がありますが、「集まって住むことが楽しい」と思える集合住宅の良さを実践している一例として、ここでは、自治会の活動を紹介します。

ここは一九八三年に建設され、都立光が丘公園に隣接した公団分譲九棟四四六戸、賃貸五棟三四一戸からなる団地です。一四棟七八七戸のうち、六七％の世帯が自治会に加盟しています。自治会は、全国公団住宅自治会協議会にも参加しています。二〇名を超す役員と四〇名近い世話人の方々が努力をして自治会活動を展開しています。

二〇〇九年の総会では「みんなに優しく、安心・安全な団地をめざし　共に考え、共に行動していきましょう！」と呼びかけ、五つの柱（1．安全なまちづくり　2．きれいなまちづくり　3．楽しいまちづくり　4．住み続けられるまちづくり　5．まちづくりの中心は自治会）をより具体的な課題に分けて、行動提起をしています。

安全なまちづくりでは、団地内防災設備見学会、夏期夜間パトロール、地区防災訓練、団地内防災訓練、応急救護訓練、区民防災大学への参加などが行なわれています。逃げ出さなくてもよい住まいとまちづくりをあらわす「自宅避難」という言葉を盛り込んだ防災マニュアルは、とても良くまとまっていて、分かりやすく、訓練などの積み重ねを経て完成したものだと思います。現在は、一層活用できる行動マニュアルを目指して改定も検討されているようです。

きれいなまちづくりでは、春のクリーン作戦、落ち葉の清掃、古布・古着・資源の回収、たばこのポイ捨て禁止運動やゴミの分別徹底などのマナーアップ作戦、「フラワーボランティア　花をさかせたい」の活動などがあります。フラワーボランティアでは、二人の高校生が役員になっ

写真22　団地の中にある小学校体育館で行われた「文化展」のワインコンサート　団地のコーラスサークルの歌を聴く住民

写真23　「文化展」(2日間) には住民の作品がたくさん飾られます

写真24　2日間行なわれた恒例の「夏祭り」　子ども実行委員も大活躍

写真25　市民防災団体による学習会での防災倉庫見学

て奮闘しています。

光が丘公園の花見、団地内商店街広場での夏まつり、長寿を祝う集い、小学校体育館を借りての文化展など、住民のコミュニティを大切にした、様々な催しを開催しています。毎月全戸に配布される会報は、時々の催しの写真がたくさん掲載され、記事の内容も豊富です。

二〇〇八年の文化展で「団地再生ドイツツアー」に参加した際に撮影した写真のパネルを一四枚展示させてもらいました。二〇〇九年二月には、私の所属する防災問題を考える首都圏懇談会主催の市民防災フォーラムを自治会の方々の協力を得て行なうことができました。ドイツの団地に比べるとまだまだ若い団地ですが、ハード面もコミュニティを中心にしたソフト面も大切にして住み続けたいという思いは、ドイツの長生き団地につながっていくと感じています。

六、マンションエイダー

住民の運営を援助する（マンションエイダーは住民の味方）

マンションの運営は建築・法律・会計・コミュニティなどの分野を総合して行なわれています。デベロッパー・建設会社・メーカー・電気・ガス・行政などが分譲時には関与し、住んでからは管理会社に管理を委託しているのが一番多い例です。自力管理と呼ばれる自分たちでできることは自分たちで行なっているマンションもあります。

二〇〇〇年にマンション管理適正化法ができて「マンション」という言葉が法律用語になり、

管理組合に助言する役割を持った「マンション管理士」という資格も生まれました。

管理組合に助言をするといっても必要なのは資格ではなく実力です。実力と使命感「ミッション」を持つ人がマンションを支援できるのだと思います。

マンションの問題は「マンションエイダー」に相談してみましょう。マンションエイダーとは、そう名乗っているわけではありませんが、「管理組合の側に立つ意識を持つマンション関係者（資格でいえばマンション管理士や管理業務主任者などが近いイメージです）」、「住み手使い手の立場で仕事をしている建築関係者（建築士など）」、「マンション問題に取り組んでいる弁護士」など住民派の専門家などの総称です。

マンションエイダーにとって必要と思われる条件は知識のほかに次のようなことが挙げられるでしょう。

①生活の場としてマンションをとらえる感性

「資産の管理」だけでなく、居住者の生活の器であるマンションにおいて、住まうことを通じて住民の「生活の向上」を具体的に進める感性を備えていること。

②何千万もの買い物をするのに瑕疵があるべきではないという権利意識の強さ

欠陥は許せないと住民・管理組合と一緒に考えることのできる意識を持っていること。
③住民のSOSをとらえるオールチャンネルのアンテナを高く掲げていること
マンションでの問題は様々ですから、必要な専門知識については他の方々に支援を求めるとしても、住民の悩みはまずは受け止めようという姿勢があること。
④広く学んでいること
多様な問題に対応するために、自分自身各分野で知識を増やす努力を忘れないこと。
⑤常に発信をしていること
マンションの居住性を高めていくためには住民の意識を高めるとともに、専門家の意識と技術の向上も大切です。この両方の面で向上を考えれば、自分の到達点を発表し、交流し、裾野を広げ、頂点を高くしていくための努力をしなければならないでしょう。そういう場を自ら積極的に作り出していること。
⑥地域に根付いていること
遠くであれば、時間のロスも多いし、地域的な条件や補助金など自治体の制度についての知識に差が出ます。近くのマンションの仕事が多いのは自然のことです。そのため地域に積極的に働きかけをしていること。

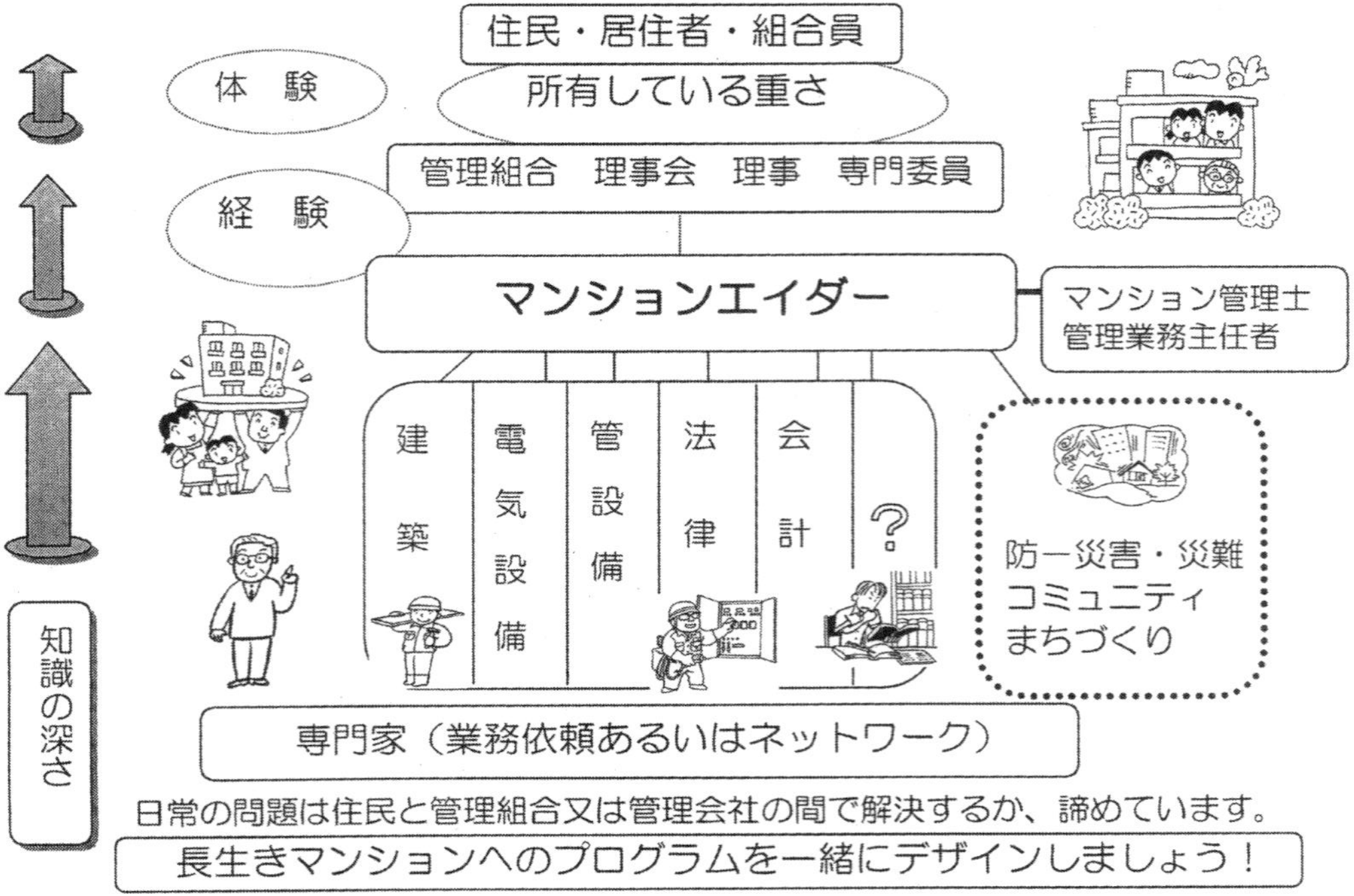
住民・居住者・組合員
体　験
所有している重さ
管理組合　理事会　理事　専門委員
経　験
マンションエイダー
マンション管理士
管理業務主任者
建築
電気設備
管設備
法律
会計
?
防ー災害・災難
コミュニティ
まちづくり
専門家（業務依頼あるいはネットワーク）
知識の深さ
日常の問題は住民と管理組合又は管理会社の間で解決するか、諦めています。
長生きマンションへのプログラムを一緒にデザインしましょう！

図3　マンションエイダーの概念図

⑦民主主義によって解決を目指していること

民主主義とは多数決でものごとを決めていくことだけを示すのではありません。一人一人を大切にすることが民主主義の根本です。そのことを理解し、心がけていること。

例えば管理組合の中で意見が対立した場合でも、反対派に対しては反対するだけでなく対案を考えさせたり、多数派に少数派に時間と資金を提供するくらいの度量を持たせるなどの努力をしていること。

⑧メーカー・施工会社・デベロッパー・管理会社・行政から自立していること

マンションの問題には様々な原因があります。表記のようなそれらを作り出している分野と接近しすぎては住民の立場に立った解決ができるはずはありません。協力関係は持ちつつも業務上は自立していることがどうしても必要です。

以上のようなことがマンション居住者を支援してくれる人、すなわちマンションエイダーを選ぶ「リトマス試験紙」と考えて下さい。

二〇〇九年七月に国土交通省が「マンション等安心居住推進事業（相談体制の整備に係る事業）」の応募を行ないました。そして、私が所属するＮＰＯ法人設計協同フォーラムが、マンションを支援できる専門家を増やそうと組み立てた「マンションエイダー育成事業」が採択されました。約半年間、様々な課題の研修を行ないました。

全国では他にも取り組んでいる団体がありますので、マンション住民へのサポートをできる人が増えると思います。

七、マンションは民主主義の学校

1 運営と管理

みんなで運営、みんなで管理というのがマンションの原則です。

マンションには所有者の組織で一般的に「管理組合」と呼ばれる組織があります。また居住者でつくっている「自治会」という組織では、生活していく上でのルールを決めています。両方の組織がマンションで快適な生活をするための活動をしています。両方あるマンションと管理組合しかないマンションがありますが、それぞれの実情に合わせて運営をしています。

管理組合は管理費等と呼ばれる費用を所有者から集め、一般の管理費と修繕積立金に分けて運営がなされています。マンションは「個人」と「公」の間にある「協・共」だと思います。管理費や積立金は集まれば大変な額です。この多額な費用によって、いわば直接民主主義制の代表である理事会で行なうマンション運営は、民主主義に徹しないとうまく運営ができません。民主主義的運営を目指していても、いつも円満で、正しい意見が多数を占めているわけではありません。そこで様々な不合理や時に不正が行なわれている場合もありますが、長い目で見ればきっと正されていくと思われます。

2　マンションの運営のサイクル

定期総会で決まった事業をみんなの先頭に立って実行するのが理事です。事業を実行していく中で自らも勉強をしながらパワーアップしていかねばなりません。その年度どこまで事業が進められたのか、当初の目的や目標との関係での総括をし、総会に向けては事業報告にします。また来年度に必要な事業は予算もつけて次年度の事業計画とし議案として提案します。

マンションの維持管理がどんな状態にあるかは、自分の部屋も含めたマンション全体のために住

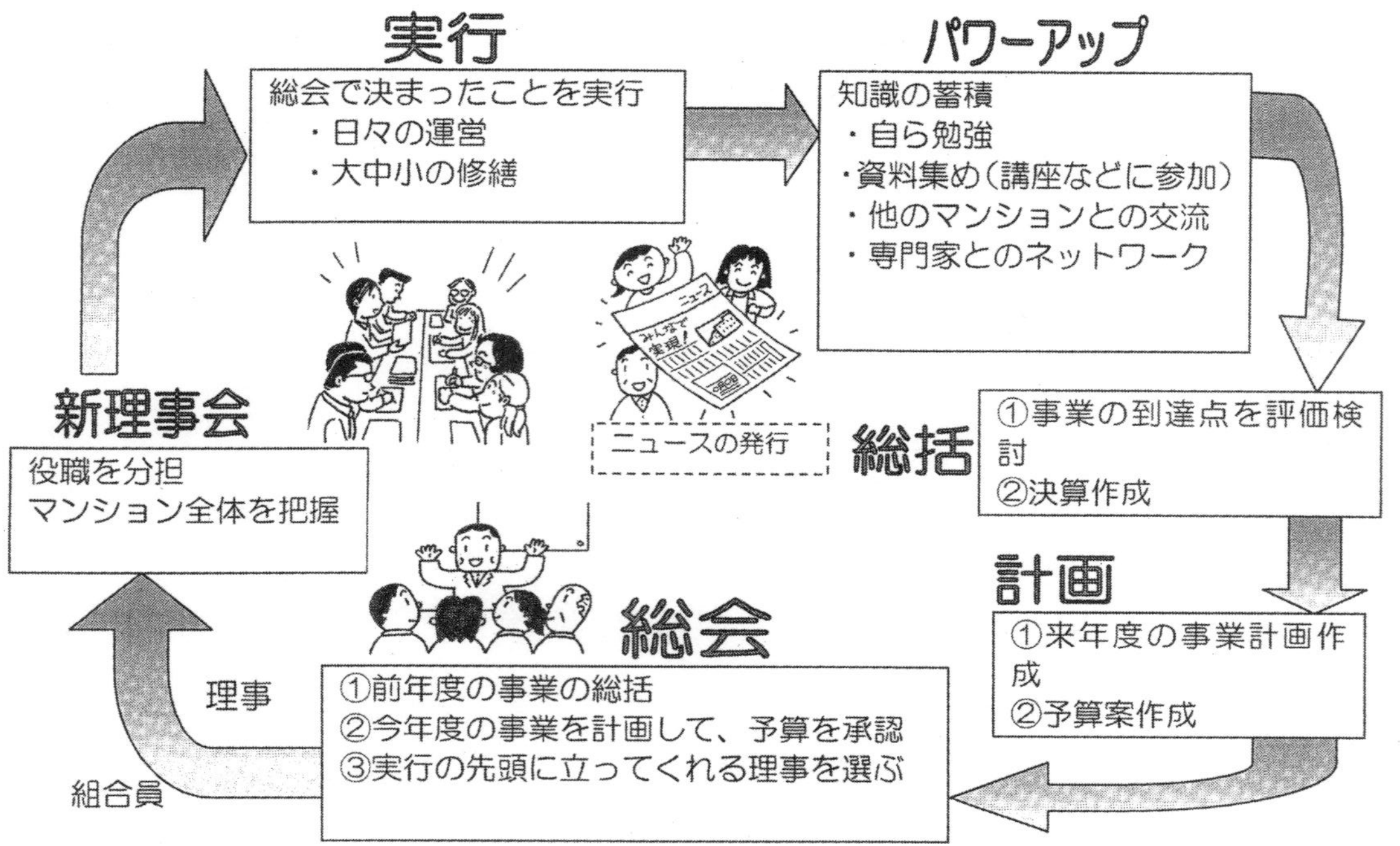
実行
総会で決まったことを実行
・日々の運営
・大中小の修繕
パワーアップ
知識の蓄積
・自ら勉強
・資料集め（講座などに参加）
・他のマンションとの交流
・専門家とのネットワーク
ニュース
みんなで実現！
ニュースの発行
総括
①事業の到達点を評価検討
②決算作成
計画
①来年度の事業計画作成
②予算案作成
総会
①前年度の事業の総括
②今年度の事業を計画して、予算を承認
③実行の先頭に立ってくれる理事を選ぶ
理事
組合員
新理事会
役職を分担
マンション全体を把握

図4　マンション運営のサイクル

民が努力した結果です。入居して初めて会った人たちが、お互いに協力していく「都市型ボランティア活動」といえます。

　理事をひきうけるということは、時間的、精神的に追われて大変なことですが、様々な困難や課題を理事会として乗り超え、蓄積する過程で、理事一人一人の信頼と知識が豊かになるというプラスの要素があり、その意味で「理事を経験して良かった」と思える運営は、安全安心快適なマンション生活にもつながるでしょう。

3　問題が起きたときはウィンウィン型解決法で

　マンション内で意見が対立しても、また問題が収まったとしても、お互いにそれ以降も一緒に生活をしていくご近所さんです。誰が勝った誰が負けたという結果に終わるの

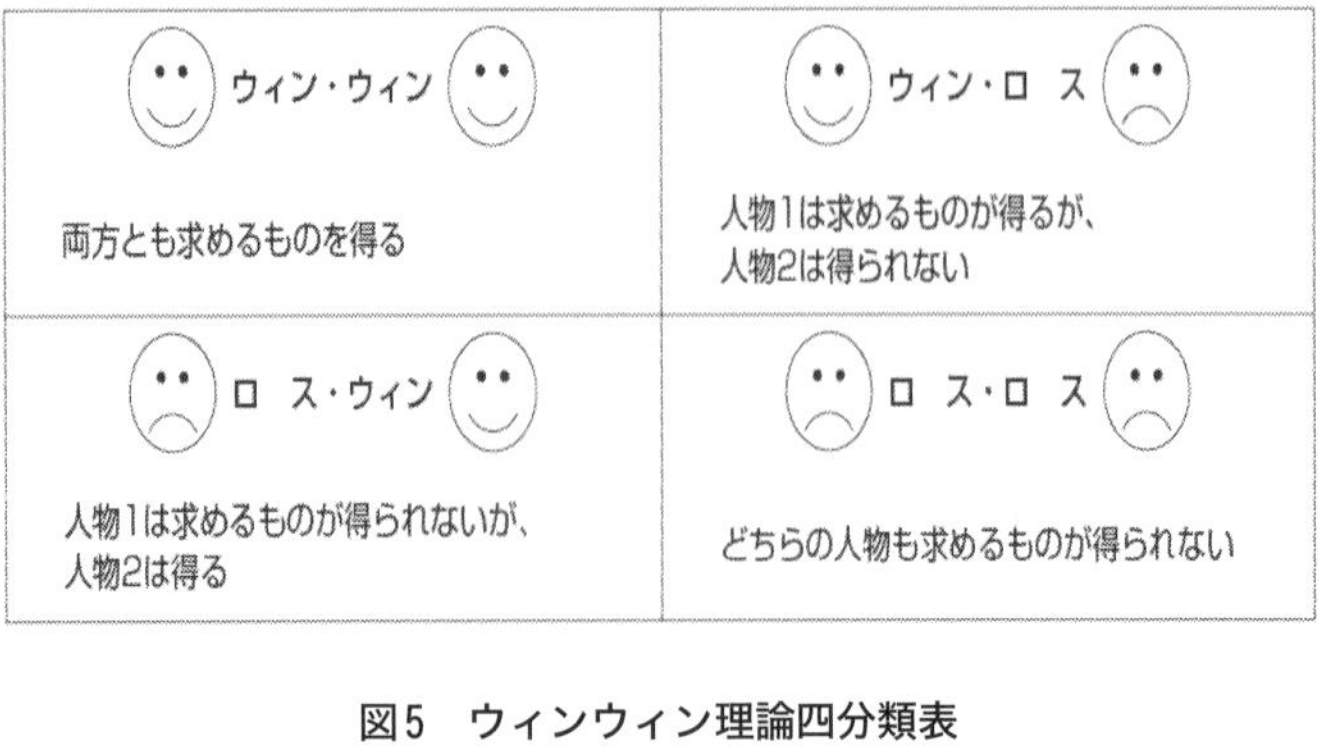

ウィン・ウィン	ウィン・ロス
両方とも求めるものを得る	人物1は求めるものが得るが、人物2は得られない
ロス・ウィン	ロス・ロス
人物1は求めるものが得られないが、人物2は得る	どちらの人物も求めるものが得られない

図5　ウィンウィン理論四分類表

出典：ウィリアム・クライドラー著「対立から学ぼう」NPO 法人 ERIC 国際理解教育センター編訳（テキスト）、1997年

ではなく、双方が勝ったと思える、双方が良かったなと思う解決（ウィンウィン理論またはウィンウィン・シュチュエーション）を目指さなければならないでしょう。そこでは成熟した民主主義が求められます。

意見が対立している場合は
①論点を整理する意味もあり反対の立場でも考えてみること。
②相手より、より高次のレベルの提案をすること。
などが有効なのではないでしょうか。

どうしてもうまくいかないときでも、時間が解決してくれる場合もあります。

4　ファシリテーターは意見の引き出し役

マンション内の論議を活発化させ、少数の意見も出やすいような雰囲気をつくりたいときに、うまくその方向にリードをしてくれる人がいれば良いのですが、いつも意見をいう人に引きずられてしまうことが多いものです。

議長や司会者のほかに対等な意見を交換できるよう、対立だけではない建設的な意見を引き出す役割を果たせるような人が必要です。

こういう役割を果たす人をファシリテーターといいます。

ファシリテーター養成講座では、アイスブレーキングと呼ばれる「打ち解け」から始まり、初めてあった人たちが気持ちを通わせることができるような学習をします。

あるテーマを多数が一緒に考えるトレーニングは、マンションや団地を元気にするのに役立つと思います。集合知を創造する「ワールド・カフェ」という手法もあります。

5　地域でも力を発揮して

マンションなどで学び経験した民主主義のあり方は、地域やその他のところでも活かせると思います。防災上もマンションはまちの拠点になれる可能性を持っているのですから、「個と公」の狭間で運営しているマンションでの「民主主義」をまちのレベルまで発展させ、地域環境問題などあらゆる場面で意見を持ち発言すべきだと思います。それは大きな力になります。

多くの都市ではマンション建設によって環境破壊が起こり紛争にもなっています。一戸建ての場合も含めてまちに悪影響を及ぼすことには反対しましょう。たとえ自分の住んでいるマンションの建設によってまちの環境が悪くなっていたとしても「これ以上悪くしない」というのがまちの他の人と一緒に運動できる共通項になります。

一二階のマンション建設に一四階建てのマンション住民が反対するという運動もありました。しかし一四階のマンション住民は戸建て住民には遠慮がちでした。都市では一戸建てでもほとんどは無計画に雑木林を切り開いてできてきたものです。その建設以前からの

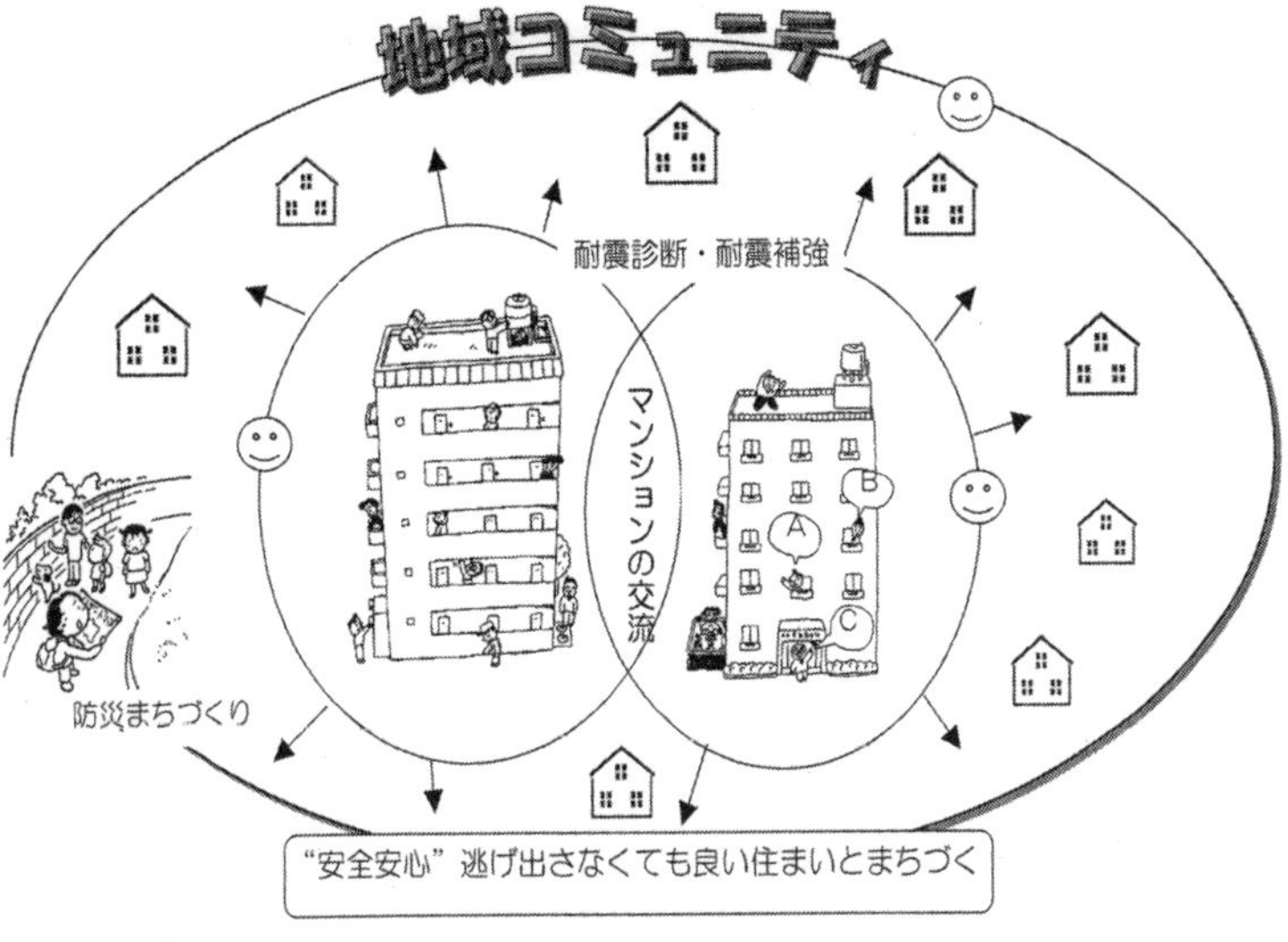

図6　地域コミュニティ

旧住民から見れば「お前らだって環境破壊だ」といえるでしょう。マンション住民も割り切って「これ以上の環境悪化には反対する」という一線で運動の先頭に立つことができるのです。

八、マンション・団地のこれから

1　マンション・団地もエコ

「一番のエコは建て替えないことです」といっている会社があります。発表したデータでは、五〇戸のマンションを新築すると、CO_2の排出量を吸収するために必要な樹木は、杉の木の成木換算で三二万本に相当するそうです。コンクリートや鉄材を中心とした資材や運搬についてのすでに発表されているデータに基づいての計算だそうです。新築の住宅は多くのCO_2を出します。ある住宅メーカーは住宅を新築したら五本の木を植えましょうといっていますが、それではとても足りないでしょう。

太陽光の利用は光による発電と熱による給湯システムがあります。晴れた日の一㎡には光が直角に当たれば一・三九ＫＷのエネルギーが注がれています。これを利用することは合理的ではないでしょうか。

2　壁面緑化、屋上緑化

緑化には色々な役割があります。代表的なものは遮熱と光合成です。みどりの存在自体が自然環境に近づける上で大きな役割を果たしているのです。

大都市ではヒートアイランドと呼ばれる現象が起こっています。都市で消費する熱容量が大きくなりすぎて、淀んでしまうのと、昼間、太陽が当たる建物に熱積された熱が夜になって大気へと放出され、熱帯夜などの原因となっています。これに対応して、少しでも熱をやわらげようというのも緑化の一つの役割です。

壁面にしても屋上にしても緑化によっては遮熱が行なわれます。植物の葉や枝が太陽光を遮ることでその効果が出るのです。もう一つの役割は植物独自の光合成（炭酸同化作用）によるものです。植物は空気中のCO_2、水分、熱を取り入れ合成して自分が成長するための炭素を蓄積し、酸素を放出します。この作用が環境に有効に働きます。

緑化により建物のコンクリートの熱変化も緩やかになるので、老朽化も防げると思います。

ＮＥＸＴ21は、近未来の都市での環境・エネルギー・暮らしについて考えていくため、大阪ガス㈱が大阪市内に建設した実験集合住宅です。一九九三年一〇月に竣工、翌年四月から一九九九年三月までの五年間

写真26　大阪ガスの実験住宅屋上　太陽光発電パネルと屋上の緑化が見られます。鳥の運んだ種で7メートルの木が成長していました

写真27　大阪ガスの実験住宅　庭も中間階も屋上も木がいっぱい繁っています

「第一フェーズ居住実験」が、二〇〇〇年四月から二〇〇五年三月までの五年間「第二フェーズ居住実験」が行なわれ、計一〇年にわたり、社員一六家族が実際に居住し、様々な実験が行なわれました。現在は「第三フェーズ居住実験」中です。屋上には、七五ｋｗ太陽電池（面積約七〇㎡、単結晶シリコン型）が設置され、大阪の平均日照時間から期待される発電量とほぼ同等の電力が得られるそうです。屋上はまるで森のようで、鳥が運んできた桐の実が大きな木に成長しており、小さなスイカや茄子の畑もありました。緑や花いっぱいの心がうきうきするエコ住宅です。実験の成果が一般の集合住宅にも安価で実現できるようになれば良いと思います。

3　人にも建物にも充実した年金を（年をとっても安心・快適）

建物を長く使うためには、長く使うことを良いとする風潮を育てる必要があります。例えば三〇年を超した住宅の利用に対して「マンション年金」というような費用を国が支払うという案などはどうでしょうか。

人の年金は基本的に六五（六〇）歳になると支給され長生きする人は支給額の合計は増えますが、不公平だとはいわれません。

マンションを長く使えばこのマンション年金はたくさん支給を受けたことになりますが、ものを有効に使っていることに対するご苦労様という見方です。

残念なことに、建て替えたときの助成制度はありますが、使い続けるための助成制度は種類も金額もまだまだ少なく国が本気で考えているようには見えません。

三〇年を超えたというマンションは一〇〇万戸といわれています。修繕のための積立金の月額平均は九、〇〇〇円程度です。国が月額平均の約三分の一の三、〇〇〇円を助成したとすると年間には戸当たり三六、〇〇〇円です。三〇年を超す一〇〇万戸に助成したとすると年間に三六〇億円です。

大きな金額だとは思いますが、もしマンションの維持管理がうまくなくて運営全体にも失敗して公営住宅への入居を希望するような状態を仮定したとすると大変です。公営住宅を一戸一、八〇〇万円で建設したとするとどうでしょうか。二、〇〇〇戸分にしか当たりません。年金として支出援助し持ち主に管理してもらった方が効果的だと思います。

本来の公共住宅供給をサボり、持ち家政策を進めてきたことは批判しつつも、現状の社会全体の資産ともいえるマンションを効果的に支援することで自力で維持管理し、住み続けることに向かうのですから、効率は良いと思います。

長く住むことへの年金は長く使える建物の設計、施工、維持管理への大いなる評価といえるでしょう。

4 長生きマンションへもエコポイントを

新しいマンションをつくること自体はCO_2排出に負荷が掛かることは間違いありません。ランニングコストについても考慮が必要と思います。

住宅版エコポイントが二〇一〇年に施工されることになりそうです。

自動車や電化製品のエコポイントとは違うのが、新築だけではなくリフォームにもポイントが支給されることです。

国の当初の資料では「住宅版エコポイントとは、主に断熱性の高い壁や窓ガラスが対象になることが検討されており、省エネ対策を施した住宅の新設や改修時に住宅エコポイントを付与することで、雇用対策や環境対策に効果が見込めるとされています。」

自動車や電化製品へのエコポイントは首をかしげることが多いものもありましたが、断熱とバリアフリーへのリフォームのエコポイント支給は良いと思います。長く使える工夫をすることへの評価への気持ちが、大きくはありませんが伝わってきます。

耐震補強にもエコポイントを支給して欲しいと思います。

新築時には建て替えを安易にしないことを前提に、近隣の環境を損なわないで、しかもエコなマンションを慎重に考えることが求められています。

明日の地球と現在の暮らしをつなぐ一つが「エコマ」(エコマンション)だと思います。

むすび

『日本のマンションはいつまで住めるか』というシンポジウムを開きました。マンションや団地に住む設計者に「自分の住んでいるマンションはいつまで住めると思うか、そしてその根拠」を話してもらいました。市街地で七〇年、郊外型なら一〇〇年というのが大体の意見でした。建築時を基準にした評価でも悪くなっていない、修繕できるというのがその理由です。

「長生きマンション」という考え方は不具合なところを我慢して住もうということではありません。悪いところは直し、バリアフリーなども含めて、快適に住めてこそ住み続けたいと思うものです。「ずっと住んでいたい」「生きている限りはここで暮らしたい」と思ってこそ、知恵もお金も工夫も出てくるのです。自分の代だけでなく、孫子の代まで「住まい」という生活上の資産を残せるのであれば、自分も張り切るし、子や孫にも「管理費や修繕費への支援をして欲しい」といえるのではないでしょうか。住宅は個人の資産であると同時に社会の資産でもあると思います。

不便な箇所や悪くなった箇所を見つけ出すだけではなく、快適性の向上や便利になることにつながる提案もとても大切です。そして、良いところ好きなところも認識しておくことは、「住み続けたい」と思う気持ちにつながり、加えて技術に裏打ちされた物理的な環境づくりが、建物を長持ちさせるのだと思います。

ともかく、住宅には、安心・安全・快適で、住み続けたいという気持ちが大切です。このブックレット「長生きマンション長生き団地」をまとめてみると「五〇年では短すぎてもったいない、一〇〇年を目指そう」という気持ちがますます強くなりました。

まずここに住んでいたいという気持ちが先立てば、本書で一部ご紹介したように、技術的に不具合なところを直し、改善改良を加えながら快適に住み続けることはできると思います。狭さの問題も、団地内のライフステージにあわせた転居、独立した家族同士の近居という解決や、縦や横で二住戸をつなげる「二戸一」住宅、ライネフェルデの例で紹介した減築などを含めた大胆な利用方法の変更や環境改善などが考えられます。

多くの資源を使って作ったマンションや団地を工夫しながら使い続けていくことは色々な観点

から考えても正しい道だと思います。

「はじめに」で述べたように都市を中心として、マンション・団地などの集合住宅（共同住宅）に住む人が全国で四割を超え、三大都市圏では五割を超え、東京では七割になろうとしています。

この分野での底上げがなくては住宅の平均レベルは上がりません。平均レベルとは快適な住まいに安心して住み続けられるということです。

コンクリートのマンション・団地は木造の住宅より耐久性、耐火性などを高めて、小さなものではその区画を、大きな団地ではまち、都市そのものを居住する機能を高めるものとしてつくられています。

これをさらに長持ちさせる技術はあります。建て替えにかかるような費用より安くて快適に住めるマンション・団地をつくるために「人」「技術」のつながりが、わが国でも「長生きマンション長生き団地」を当然なものにしていくでしょう。

住宅は暮らしの基盤です。私たちは未来の利益を代弁するという意識を強く持って「ビンテージマンション・団地――時を経て魅力を増すマンション・団地」にしましょう。

マンションの唄

「風に吹かれての替え歌」
どれだけ雨が漏ったら直してくれるの　どれだけヒビが入ったら直してくれるの
どれだけタイルが落ちたら直せばいいの　いいかい理事よ　お空吹く風が知ってるだけさ

「雨に負けずの替え歌」
雨に負けず風にも負けず　地震震災にも負けない　安全なマンション
そんなマンションを私はつくりたい　そんなマンションを私はつくりたい

「勝利の日までの替え歌」
修理の日まで修理の日まで我慢をするぞ　みんなの力で修理の日まで
修理の日まで修理の日まで積み立てするぞ　みんなの力で修理の日まで

参考資料（順不同）

『集合住宅を長持ちさせる方法―居住者の自治と早期対応が鍵』梶浦恒男著　彰国社　一九八六年一〇月
『不安な高層　安心な高層』湯川利和著　学芸出版社　一九八七年四月
『こんな家に住みたいナ』延藤安弘著　晶文社　一九八三年一二月
『すまいの思想』西山夘三著　創元新書　一九七四年五月
『集合住宅上・下』集合住宅研究会著　新日本出版社　上、一九八一年一一月
下、一九八一年一二月
『新マンション事情』「赤旗」社会部著　新日本出版社　一九七九年　九月
『地震・火災に強い家の建て方・見分け方』設計協同フォーラム著　講談社　一九九五年一二月
『マンショントラブル絶対解決』黒崎・中村・千代崎ほか著　新日本出版社　一九九六年三月
『地震とマンション』西澤英和／円満字洋介共著　ちくま新書　二〇〇〇年一二月
『入門マンション管理―みんなで創る快適マンションライフ』斉藤広子著　大成出版社　二〇〇一年五月
『マンション管理士が教えるだまされない鉄則一〇〇』千代崎一夫著　講談社　二〇〇二年六月
『瑕疵きず―マンションに住むということ』光山明美　GU企画出版部二〇〇二年七月
「二〇〇二年マンション建替え円滑化法審議」「区分所有法改正審議　衆院国土交通委員会議事録」参考人陳述　国会記録　二〇〇二年
「二〇〇二年マンション建替え円滑化法審議」参院国土交通委員会及び「区分所有法改正審議　衆院国土交通委員会議事録」参考人陳述　国会記録　二〇〇二年
「大震災一〇〇の教訓」『大震災一〇年と災害列島』西川榮一ほか編著　クリエイツかもがわ　二〇〇二及び二〇〇五年

『プライベートピア集合住宅による私的政府の誕生』エヴァン・マッケンジー著　世界思想社　二〇〇三年一月
『集合住宅デモクラシー』竹井隆人著　世界思想社　二〇〇五年七月
『集合住宅のリノベーション』日本建築学会編　技報堂出版　二〇〇四年三月
『あなたのマンションが廃墟になる日』山岡淳一郎著　草思社　二〇〇四年四月
『ストック時代の住まいとまちづくり―スクラップ・アンド・ビルドをのりこえて』梶浦恒男編著　彰国社　二〇〇四年三月
『大震災発生マンション管理組合のための震災対応マニュアル』シティ・コミュニティ　二〇〇四年四月
『改修によるマンション再生マニュアル』国土交通省国土技術政策総合研究所監修　二〇〇四年九月
『すぐに役立つマンション管理ガイド　資産を守る実践編』日経ＢＰ社　二〇〇五年一二月
『建築とまちづくり』誌　月刊で新建築家技術者集団発行
一九八五年　六月　集合住宅の修繕と維持・管理
八六年一〇月　マンション問題―その維持管理と欠陥
八九年　七月　北米の集合住宅とまちづくり
九二年　五月　「たてもの」の維持管理の総合対策を考える
九四年　九月　マンションのこれからと技術者の任務
九六年　四月　集合住宅ストックをどう活かすのか
九八年　三月　住み続けられるマンションづくり
九九年　八月　集合住宅の長寿化のために
〇四年　七月　ストック時代に入ったマンション

〇六年　六月　マンションの健全化
『未来へのビジョンⅢ』ラルフネーダー編著　協同組合選書　協同図書サービス　一九八九年一二月
『人は住むためにいかに闘ってきたか　欧米住宅物語』早川和男著　新装版　東信堂　二〇〇五年
『住まいの処方箋―「住」は人が主（あるじ）なのだ』早川和男著　情報センター出版局　一九七八年六月
『日経産業シリーズ「住宅」』早川和男　日本経済新聞社　一九八八年九月
『サスティナブル社会の建築　オープンビルディング』澤田誠二・藤澤好一監修　一九九八年四月
『団地再生　甦る欧米の集合住宅』松村秀一著彰国社　二〇〇一年七月
『団地再生のすすめ』団地再生研究会　編著　マルモ出版　二〇〇二年二月
『団地再生まちづくり』ＮＰＯ団地再生研究会・合人社計画研究所編著　水曜社　二〇〇六年六月
『団地再生まちづくり２』ＮＰＯ団地再生研究会・合人社計画研究所編著　水曜社　二〇〇九年七月
『ライネフェルデの奇跡』ウォルフガング・キール他著　澤田誠二他訳　水曜社　二〇〇九年九月

「居住福祉ブックレット」刊行予定

☆既刊、以下続刊（刊行順不同、書名は仮題を含む）

☆01	居住福祉資源発見の旅	早川　和男（神戸大学名誉教授）
☆02	どこへ行く住宅政策	本間　義人（法政大学教授）
☆03	漢字の語源にみる居住福祉の思想	李　　桓（長崎総合科学大学准教授）
☆04	日本の居住政策と障害をもつ人	大本　圭野（東京経済大学教授）
☆05	障害者・高齢者と麦の郷のこころ	伊藤静美・田中秀樹他（麦の郷）
☆06	地場工務店とともに	山本　里見（全国健康住宅サミット会長）
☆07	子どもの道くさ	水月　昭道（立命館大学研究員）
☆08	居住福祉法学の構想	吉田　邦彦（北海道大学教授）
☆09	奈良町《ならまち》の暮らしと福祉	黒田　睦子（㈳奈良まちづくりセンター副理事長）
☆10	精神科医がめざす近隣力再生	中澤　正夫（精神科医）
☆11	住むことは生きること	片山　善博（前鳥取県知事）
☆12	最下流ホームレス村から日本を見れば	ありむら潜（釜ヶ崎のまち再生フォーラム）
☆13	世界の借家人運動	髙島　一夫（日本借地借家人連合）
☆14	「居住福祉学」の理論的構築	柳中権・張秀萍（大連理工大学教授）
☆15	居住福祉資源発見の旅Ⅱ	早川　和男（神戸大学名誉教授）
☆16	居住福祉の世界：早川和男対談集	早川　和男（神戸大学名誉教授）
☆17	医療・福祉の沢内と地域演劇の湯田	高橋　典成（ワークステーション湯田・沢内） 金持　伸子（日本福祉大学名誉教授）
☆18	「居住福祉資源」の経済学	神野　武美（新聞記者）
☆19	長生きマンション・長生き団地	千代崎一夫・山下千佳（住まいとまちづくりコープ）
20	高齢社会の住まいづくり・まちづくり	蔵田　　力（地域にねざす設計舎）
21	シックハウスへの挑戦	後藤三郎・迎田允武（健康住宅居住推進協会）
22	ウトロで居住の権利を闘う	斎藤正樹＋ウトロ住民
23	居住の権利―世界人権規約の視点から	熊野　勝之（弁護士）
24	農山漁村の居住福祉資源	上村　　一（社会教育家・建築家）
25	スウェーデンのシックハウス対策	早川　潤一（中部学院大学准教授）
26	中山間地域と高齢者の住まい	金山　隆一（地域計画総合研究所長）
27	包括医療の時代―役割と実践例	坂本　敦司（自治医科大学教授）他
28	健康と住居	入江　建久（新潟医療福祉大学教授）
29	地域から発信する居住福祉	野口　定久（日本福祉大学教授）

（ここに掲げたのは刊行予定の一部です）

著者紹介

千代崎　一夫（ちよざき　かずお）

1948年　横浜生まれ
1992年　住まいとまちづくりコープ設立
ハウズィングケースワーカー／マンションエイダー
マンション管理士／電気工事士

著書
「マンション管理士が教えるだまされない鉄則100」講談社

表彰「住み続けられるマンションを目指して」
1987新建正賞受賞「逃げ出さなくても良い住まいとまちづくりを」2005新建奨励賞受賞
「ビンテージマンション・ビンテージ団地」
1990新建正賞受賞

山下　千佳（やました　ちか）

1960年　東京都杉並区生まれ
1982年　文化女子大学短期大学部専攻科生活造形卒業
1987年　財団法人健康文化会小豆沢病院勤務
2003年　あずさわ福祉本舗勤務
現在　住まいとまちづくりコープ　役員
NPO法人設計協同フォーラム事務局員
福祉住環境コーディネーター／福祉用具専門相談員／防災士／愛玩動物飼養管理士／アシスタントカラーコーディネーター

（居住福祉ブックレット19）
長生きマンション・長生き団地

2010年2月28日　初　版第1刷発行　〔検印省略〕

定価は裏表紙に表示してあります。

著者© 千代崎一夫 山下　千佳　装幀 桂川潤　発行者 下田勝司　印刷・製本 中央精版印刷

東京都文京区向丘1-20-6　郵便振替00110-6-37828
〒113-0023　TEL (03) 3818-5521　FAX (03) 3818-5514　発行所 株式会社 東信堂
Published by TOSHINDO PUBLISHING CO., LTD.
1-20-6, Mukougaoka, Bunkyo-ku, Tokyo, 113-0023, Japan
E-mail : tk203444@fsinet.or.jp　http://www.toshindo-pub.com

ISBN978-4-88713-972-5 C3336

「居住福祉ブックレット」刊行に際して

安全で安心できる居住は、人間生存の基盤であり、健康や福祉や社会の基礎であり、基本的人権であるという趣旨の「居住福祉」に関わる様々のテーマと視点―理論、思想、実践、ノウハウ、その他から、レベルは高度に保ちながら、多面的、具体的にやさしく述べ、研究者、市民、学生、行政官、実務家等に供するものです。高校生や市民の学習活動にも使われることを期待しています。単なる専門知識の開陳や研究成果の発表や実践報告、紹介等でなく、それらを前提にしながら、上記趣旨に関して、今一番社会に向かって言わねばならないことを本ブックレットに凝集していく予定です。

2006年3月

日本居住福祉学会
株式会社　東信堂

「居住福祉ブックレット」編集委員

日本居住福祉学会のご案内

〔趣　　旨〕

人はすべてこの地球上で生きています。安心できる「居住」は生存・生活・福祉の基礎であり、基本的人権です。私たちの住む住居、居住地、地域、都市、農山漁村、国土などの居住環境そのものが、人々の安全で安心して生き、暮らす基盤に他なりません。

本学会は、「健康・福祉・文化環境」として子孫に受け継がれていく「居住福祉社会」の実現に必要な諸条件を、研究者、専門家、市民、行政等がともに調査研究し、これに資することを目的とします。

〔活動方針〕

(1) 居住の現実から「住むこと」の意義を調査研究します。
(2) 社会における様々な居住をめぐる問題の実態や「居住の権利」「居住福祉」実現に努力する地域を現地に訪ね、住民との交流を通じて、人権、生活、福祉、健康、発達、文化、社会環境等としての居住の条件とそれを可能にする居住福祉政策、まちづくりの実践等について調査研究します。
(3) 国際的な居住福祉に関わる制度、政策、国民的取り組み等を調査研究し、連携します。
(4) 居住福祉にかかわる諸課題の解決に向け、調査研究の成果を行政改革や政策形成に反映させるように努めます。

学会事務局・入会申込先

〒466-8666　名古屋市昭和区八事本町101-2
中京大学　総合政策学部
岡本研究室気付
TEL　052-835-7652
FAX　052-835-7197
E-mail　yokamoto@mecl.chukyo-u.ac.jp

東信堂

人は住むためにいかに闘ってきたか —（新装版）欧米住宅物語　早川和男　二〇〇〇円
イギリスにおける住居管理 —オクタヴィア・ヒルからサッチャーへ　中島明子　七四五三円

〔居住福祉ブックレット〕

居住福祉資源発見の旅 ：新しい福祉空間、懐かしい癒しの場　早川和男　七〇〇円
どこへ行く住宅政策 ：進む市場化、なくなる居住のセーフティネット　本間義人　七〇〇円
漢字の語源にみる居住福祉の思想　李　桓　七〇〇円
日本の居住政策と障害をもつ人　大本圭野　七〇〇円
障害者・高齢者と麦の郷のこころ ：住民、そして地域とともに　伊藤静美・田中秀樹・加藤直人　七〇〇円
地場工務店とともに ：健康住宅普及への途　山本里見　七〇〇円
子どもの道くさ　水月昭道　七〇〇円
居住福祉法学の構想　吉田邦彦　七〇〇円
奈良町の暮らしと福祉 ：市民主体のまちづくり　黒田睦子　七〇〇円
精神科医がめざす近隣力再建 ：進む「子育て」砂漠化、はびこる「付き合い拒否」症候群　中澤正夫　七〇〇円
住むことは生きること ：鳥取県西部地震と住宅再建支援　片山善博　七〇〇円
最下流ホームレス村から日本を見れば　ありむら潜　七〇〇円
世界の借家人運動 ：あなたは住まいのセーフティネットを信じられますか？　髙島一夫　七〇〇円
「居住福祉学」の理論的構築　柳中権・張秀萍　七〇〇円
居住福祉資源発見の旅Ⅱ ：地域の福祉力・教育力・防災力　早川和男　七〇〇円
居住福祉の世界 ：早川和男対談集　早川和男　七〇〇円
医療・福祉の沢内と地域演劇の湯田 ：岩手県西和賀町のまちづくり　高橋典成・金持伸子　七〇〇円
「居住福祉資源」の経済学　神野武美　七〇〇円
長生きマンション・長生き団地　千代崎一夫・山下千佳　八〇〇円

〒113-0023　東京都文京区向丘 1-20-6　TEL 03-3818-5521　FAX03-3818-5514　振替 00110-6-37828
Email tk203444@fsinet.or.jp　URL:http://www.toshindo-pub.com/

※定価：表示価格（本体）＋税